TAKIE CZASY...
Rzecz o kompromisie

ADAM MICHNIK

TAKIE CZASY...

Rzecz o kompromisie

"AN
EKS"

Londyn 1985

Projekt okładki: M. Ożiewicz

Takie czasy...
Rzecz o kompromisie
(Such Other Times...
Concerning Compromise)
ISBN 0 906601 24 X

Published by Aneks Publishers
  61, Dorset Road
  London W5 4HX

Fotoskład: Libra Books
9, Ravenscourt Avenue, London W6 0RF
Printed and bound by Caldra House Ltd., Great Britain

PODCZAS spotkania z harcerzami (marzec 1985 r.) gen. Wojciech Jaruzelski wyartykułował niektóre ze swych przemyśleń na temat środowisk opozycyjnych. Mówił między innymi:

„Nie słuchajcie małych, złych ludzi o uszkodzonej wyobraźni. Zacietrzewionych i dobrowolnie ciemnych, którzy mówią, że «Polska Ludowa nie jest Polską». Nawet nieprzyjaźni nam często cudzoziemcy nie potrafią zrozumieć tej chorobliwej nienawiści. (...) Kto i kiedy dał różnym samozwańczym autorytetom moralne prawo, aby poniżać ciężki trud 40-lecia, spotwarzać dorobek narodu, obrzucać obelgami jedyne państwo polskie, jakie istnieje?

Nie jesteście pierwszym polskim pokoleniem, w którym walka postępu z ciemnością toczy się codziennie. Porosły już trawą groby tych młodych, częstokroć wspaniałych Polaków, których powiodły na straceńczą śmierć manipulacje wstecznictwa. Nigdy więcej nie wolno nam dopuścić, aby cudze interesy miały kiedykolwiek zawładnąć umysłami i sercami młodych Polaków".

Tak jesteśmy postrzegani. Tak nas widzą, tak nas piszą. Jesteśmy bandytami.

„Dla najeźdźców zawsze bandytami
są ci, którzy przed nimi się bronią".

Te słowa Mieczysława Jastruna uznajmy za odpowiedź. Innej odpowiedzi być nie może. W umysłach naszych generałów myśl została wyparta przez strach; argumenty zastąpiono przez stereotypowe kalumnie. Jałowym byłby zamysł polemiki z obelgami. Kiedy nas nimi obrzucają, poprzestańmy na stwierdzeniu, że ten wyszukany zestaw wyzwisk stanowi istotny rys do portretu ich kolektywnego autora. Z portretowanym nie ma to wiele wspólnego.

Jednak każda taka wypowiedź jest faktycznym wezwaniem do sprecyzowania własnego punktu widzenia i uczynienia go publicznie znanym. Tylko formułując pogląd na kluczowe polskie problemy, tylko artykułując własne nadzieje i niepokoje – ukazujemy prawdziwe rysy swoich twarzy. Twarzy ludzi – jak powiada Jaruzelski – „złych", „zacietrzewionych", „dobrowolnie ciemnych". Niechaj więc będą te słowa kolejną okazją dla tych ludzi „dobrych, „obiektywnych", „dobrowolnie jasnych", którzy zamykają nas w więzieniach, by mieli materiał do kolejnych i kolejnych wyroków.

II

JAK pisać o sprawach polityki polskiej? Stefan Kisielewski jest zdania, że poglądy polityczne należy wykładać chłodno i bez emocji. Z pewnością ma rację. Polityk winien odwoływać się do umysłów, a nie do uczuć; winien argumentować, a nie budzić wyrzuty sumienia. Nie jestem politykiem. Nigdy nie chciałem być politykiem. Moje polityczne zaangażowanie to nie wynik obranej profesji, lecz temperamentu i moralnej opcji. Świat gry politycznej zawsze odpychał mnie bezwzględnością swych reguł – w tym świecie czuję się zagubiony i bezsilny. Owszem, polityka wrosła w moje życie. Minęło już dwadzieścia lat, gdy po raz pierwszy przekroczyłem próg więzienia. Tę rocznicę spędziłem w okratowanej celi. Jednak czy to ja politykę wybrałem? Czy może było tak, że młodemu osiemnastolatkowi, zafascynowanemu myślą o wolności, tak podeptanej w jego kraju, demon polityki za tę myśl właśnie wystawił rachunek?

Nie wiem. Przynależę do pokolenia równolatków Polski Ludowej. To pokolenie nie doświadczyło koszmaru hitlerowskiej okupacji. Nie zaznało okrucieństw stalinizmu. W dniach Polskiego Października stuknął nam pierwszy krzyżyk – kończyliśmy dziesięć lat. Dorosłałem między Październikiem a Marcem. Te dwanaście lat uczyniło mnie bękartem październikowych idei, październiowych nadziei i rozczarowań.

Moje środowisko rodzinne było nader nietypowe. Rodzice byli przedwojennymi komunistami. Ojciec – całkowicie spolonizowany – urodził się w biednej rodzinie lwowskich Żydów. Po wojnie przeżywał głębokie rozczarowanie do realnych kształtów Przodującego Ustroju. Nie wierzył ani jednemu słowu oficjalnych deklaracji i mnie zaraził tym sceptycyzmem.

Duchowa rzeczywistość młodego chłopca, który zapisał się do drużyny harcerskiej kierowanej przez Jacka Kuronia, formułowała się pomiędzy oficjalnym propagandowym schematem urzędowego marksizmu-leninizmu a potężnym, powszechnie funkcjonującym, syndromem narodowo-katolickiego antykomunizmu. W żadnym z tych światów nie umiałem i nie chciałem zamieszkać. Rozglądając się wokół, szukając intelektualnych przewodników, trafiłem do „ksiąg zbójeckich" ludzi, którzy nie mieścili się w żadnym ze schematów i własny duchowy nonkonformizm uczynili wyznaniem wiary. Czasem myślę, że ten wybór był dla mnie przekleństwem i błogosławieństwem. Czytając książki Zbigniewa Herberta, Leszka Kołakowskiego czy Czesława Miłosza, nie byłem wcale świadom wszystkich dzielących ich różnic. Szukałem raczej tego, co było im wspólne: wyboru prawdy przeciw sile, odwagi nazywania rzeczy po imieniu, dociekliwego tropienia duchowych zniewoleń, integralnego oporu przeciw systemom totalitarnym niezależnie od ich ideologicznych kostiumów. Przekleństwem jest wybór takich mistrzów. Cokolwiek zrobisz, wiesz, że będą z ciebie niezadowoleni. Chcieć ich słuchać, to tyle, co narzucić samemu sobie kanon wartości iście syzyfowych, nigdy nieosiągalnych, wiecznie niedościgłych. Podejmując ten kanon, wypowiadasz swą zgodę. Już wiesz, że tak zdobędziesz dobro, którego nie zdobędziesz. Już wiesz, że poza śmiercią wszystkie rozwiązania są pozorne. Już wiesz, że wystrzegać się winieneś dotknięcia ran wielkich swego narodu, aby nie zmienić ich w świętość, przeklętą świętość, co ściga przez dalsze wieki potomnych. Już wiesz, co ci pisane: szaleństwo tak żyć bez uśmiechu i dwa powtarzać wyrazy, dwa ocalone wyrazy – prawda i sprawiedliwość.

Skoro tedy wiesz, że nie czekają cię ani gaje radosne, ani łuki tryumfalne, nie uwierzysz już w żadne miłe kłamstwo o sobie i swej człowieczej kondycji. Można cię uwięzić i można cię zabić. Nie można cię już upodlić. Jesteś ocalony.

Wszakże i o tym pamiętasz: ocalałeś nie po to, aby żyć; masz mało czasu; trzeba dać świadectwo.

Oto świadectwo.

III

W YPADA zacząć sakramentalnie: w życiu publicznym opowiadam się za respektowaniem zasad realizmu. Nie są one niezmienne. Inne cechy znamionowały realizm polityczny przed piętnastu laty, inne w epoce porozumień sierpniowych, a jeszcze inne po wprowadzeniu stanu wojennego. Inne – wreszcie – mogą być parametry myślenia realistycznego w dniu jutrzejszym.

W epoce Radomia i Ursusa – pozwólcie, że przypomnę – nikt niemal nie uważał „korowców" za realistów politycznych. Przeciwnie, uchodziliśmy za szaleńców, co się porwali z motyką na słońce, za romantyków i fantastów, za awanturników godzących w ład i stabilizację, za ludzi podejrzanych. Tak było. Ale było i tak, że gdy uwidoczniły się pierwsze realne efekty akcji Komitetu Obrony Robotników, natychmiast objawili się życzliwi oskarżający nas o kryptokomunizm i bezbożnictwo, o niechęć do idei niepodległościowej i o kosmopolityzm. Ci pierwsi widzieli nasz brak realizmu w nadmiarze radykalnych poczynań i postulatów, ci drudzy – w ich niedomiarze. Jak było w rzeczywistości? „Korowskie" rozumowanie – tak myślę – starało się zespolić realizm z odwagą i wyobraźnią. Realizm nakazywał umiar w formułowaniu postulatu niepodległości i w ekscytowaniu opinii publicznej radykalnym antysowietyzmem. Ten sam realizm nakazywał wychodzenie od działań konkretnych, zaś wyobraźnia podsuwała niekonwencjonalne środki działania.

Mentalność ekipy gierkowskiej naznaczona była piętnem swej genezy: tych ludzi wyniósł do władzy robotniczy bunt. To mieli zakodowane i to wyznaczało sposoby ich reagowania na sytuacje kryzysowe. Stąd też brała się ich „powściągliwość represyjna". Korespondowała z tym aura międzynarodowa, duch konferencji helsińskiej. Oba te czynniki limitowały poczynania gierkowskiej ekipy. Trzecim była potrzeba zachodnich kredytów, które służyły utrzymaniu niewydajnego systemu, finansowały spokój społeczny, mimo rezygnacji z reformy strukturalnej systemu.

Władza była silna i dobrze zorganizowana, a społeczeństwo rozbite i słabe. Startowaliśmy niemal od zera. Zwykły rozsądek nakazywał przeto uczynić punktem wyjścia organizowanie pomocy dla konkretnych ludzi, dla uwięzionych robotników z Radomia i Ursusa; prosty namysł podsuwał odwołanie się do postanowień helsińskiej konferencji, nie zaś – by użyć przenośni – trwanie na barykadach Powstania Warszawskiego i rewizję postanowień konferencji jałtańskiej. Uważaliśmy, że istnieje szansa uzyskania ważnych i konkretnych zdobyczy w ramach istniejących limitów, w sytuacji wyznaczonej przez doktrynę Breżniewa z jednej, a postanowienia z Helsinek – z drugiej strony. Na tym przekonaniu budowaliśmy naszą strategię. Jej efektem była amnestia dla uwięzionych robotników i powstanie pierwszych instytucjonalnych zalążków niezależnego społeczeństwa. Na temat KOR-u napisano już wiele. Również i ja próbowałem jakoś ocenić to doświadczenie. Raz jeszcze podejmując ten temat, czynię to nie bez lęku i ze świadomością specyfiki własnej perspektywy. Wiem, że grozi mi nieuchronna skłonność do wyolbrzymiania roli przedsierpniowej opozycji demokratycznej, a w szczególności środowiska KOR-u. Wszyscy chyba korowcy – a różni są to ludzie i rozmaicie potoczyły się ich losy – mają to wspólne przekonanie, że ofiarowali cząstkę swego życia sprawie uczciwej i dobrej, sprawie – mówiąc nieco patetycznie – wolności Polski i wolności człowieka w Polsce.

W czym tkwił sekret naszego sukcesu? KOR zaproponował nową technikę działań społecznych w warunkach Przodującego Ustroju. Miały być one oparte o zasadę jawności i instytucjonalizacji niezależnych społecznych inicjatyw. Konkretność i efektywność tych działań doprowadziły wnet do zakwestionowania w społecznej świadomości klasycznego modelu relacji pomiędzy władzą a społeczeństwem. Zanik opinii publicznej i rozbicie więzi społecznych przestały z wolna być naturalnymi składnikami polskiego krajobrazu. Korowskie działania zapoczątkowały rekonstrukcję komunikacji społecznej. Instytucje powstające jako niezależne od aparatu władzy, ośrodki inicjatyw stawały się zarazem zalążkami nowych więzi międzyludzkich i nowych idei. Tworzyła się nowa jakość. W petycjach i listach z żądaniami, w rozmowach i na seminariach, w niecenzurowanych gazetach i niedostępnych dotąd książkach kształtowała się i artykułowała nowa świadomość społeczna i narodowa. Składały się na nią idee nowe i wartości stare, choć na nowo zinterpretowane. Formułował się etos ludzi aktywnego oporu, etos oparty o takie wartości, jak godność i podmiotowość, wolność i niepodległość. Słowa stare, wartości omszałe... Jednak w pokoleniu, które niedawno przeżyło marcową kampanię nienawiści i grudniowe strzelanie do robotników, te słowa nabierały nowych blasków i nieoczekiwanych sensów. Szukając własnego języka dla rozmowy o sprawach najważniejszych, nowym okiem odczytywano dawne spory i rekonstruowano stare dylematy. Chodziło przecież o rzecz niezmiernej wagi: o zakorzenienie się nowego ruchu w społecznej wyobraźni uformowanej – choćby szczątkowo – przez historyczną pamięć wielu pokoleń. Jakiż był kształt tej potocznej świadomości?

Trudno na to pytanie jednoznacznie odpowiedzieć. Z często cytowanych badań socjologicznych przeprowadzonych przez prof. Stefana Nowaka wynikało, że Polacy epoki gierkowskiej najwyżej szacowali wartości prywatne (rodzina, zawód) i wartości odświętne (ojczyzna). W środku – pomiędzy rodziną a ojczyzną – rozpościerała się luka i pusta przestrzeń. Była to świadomość zmącona i niespójna. Na wzór osobowy szybko dorabiającego się fachowca (Gierek powiadał, że Polak śni o mieszkaniu i samochodzie) nakładało się niejasne wspomnienie niedawnych konfliktów społecznych i zakodowana przekazem rodzinnym świadomość niesuwerenności Polski.

Była to właściwie epoka dziwna i łajdacka. Była to epoka pośpiechu w dorabianiu się, eksplozji blokowanych przez lata aspiracji materialnych, za których realizację płacono teraz moralnym konformizmem i całkowitą depolityzacją. Wartości niszczały. „Chodzi o to, by żyć wygodniej" – deklarował z łamów *Polityki* Mieczysław F. Rakowski. „Wygodniej czy ugodniej"? – replikował mu z łamów *Więzi*

9

Tadeusz Mazowiecki. Rzeczywistość wszakże zdawała się świadczyć za Rakowskim. Królowała filozofia „czy się stoi, czy się leży", wzbogacona o pogrudniowe: „czy się leży, czy się stoi, partia płaci, bo się boi". Partia opłacała podwyżkę płac zachodnimi kredytami. Jednak tym podwyżkom – czego nie chciano zauważyć – towarzyszyła akcja konsekwentnego wyniszczania przywódców grudniowych strajków. Liberalna polityka paszportowa umożliwiała wyjazdy na „saksy". Pojawiła się na rynku coca-cola. Telewizja emitowała zachodnie filmy, a lokale rozrywkowe kusiły strip-teasem. Korupcja osiągała z wolna swoje apogeum, a cenzura stopniowo dławiła każdy objaw samodzielnej myśli. Ludzie byli coraz bogatsi, stosunki państwa z Kościołem coraz lepsze, plakaty uliczne namawiały, „żeby Polska rosła w siłę, a ludzie żyli dostatniej". To hasło zastąpić miało krytyczną refleksję reformatorską. Jak u Witkacego: „wszystko działo się pozornie – to było istotą epoki. (...) Pozorni ludzie, pozorna praca, pozorny kraj..."

I oto przyszedł krach. Jego pierwszym sygnałem były masowe protesty środowisk inteligenckich przeciwko zmianom konstytucji. Sygnałem następnym – i zarazem punktem zwrotnym – był czerwcowy protest.

Do takiego społeczeństwa – zdezintegrowanego i zdezorientowanego – zwrócili się z apelem o poparcie i pomoc członkowie Komitetu Obrony Robotników. Garstka korowców i ludzi z innych środowisk opozycji demokratycznej nie mówiła rzeczy odkrywczych, lecz ich dokonywała. Nawet samą artykulacją swego istnienia...

Sens robotniczego protestu i antyrobotniczych represji był jasny dla większości Polaków. W 1976 roku nikt już nie wierzył w koszałki--opałki partyjnych propagandzistów o „warchołach" z Radomia i w komedię wieców organizowanych ku czci Edwarda Gierka. Wszelako mocą wieloletniego przyzwyczajenia uznano ten stan rzeczy za koszmarną normalność kraju rządzonego przez komunistów. Władza źle rządzi i źle gospodaruje – to oczywiste. Ludzie buntują się – to się czasem zdarza. Wtedy następują represje – jakżeby inaczej! Zaś reszta narodu jest milczącym świadkiem – taki los.

KOR zerwał z tą tradycją. Na akcję represji odpowiedział akcją pomocy. Kłamstwu oficjalnej propagandy przeciwstawił rzetelną informację. Prostota tych poczynań równała się rewolucyjności ich efektów.

Dotychczas troska przedstawicieli elit intelektualnych o interes narodowy artykułowała się w działaniach oficjalnych i legalnych. Najodważniejsi tylko posuwali się do ignorowania cenzury i formułowania pod adresem władz postulatów i krytyk w zbiorowych wystąpieniach. Inne pozaoficjalne formy aktywności i komunikacji wydawały się niemożliwością. Tę rolę wypełniały – w powszechnym odczuciu – instytucje emigracyjne i w pewnym sensie Kościół, choć Prymas Wyszyński był jeszcze w swych wypowiedziach nader wstrzemięźliwy.

Warunkiem zaistnienia Komitetu Obrony Robotników była otwarta gotowość jego założycieli do podjęcia ryzyka, do podeptania szans profesjonalnej kariery i zwykłej życiowej stabilizacji na rzecz zaświadczenia wartościom narodowym i moralnym, choć w KOR-ze unikano takich podniosłych słów. Rzecz znamienna: sięgając do polskich tradycji wolnościowych korowcy mogli łatwo w nich odnaleźć odniesienia w sferze wartości odświętnych i postaw etycznych. Inaczej było z wzorami dla nowych technik działania. Polska tradycja obfituje w przykłady postaw buntowniczych, spiskowo-insurekcyjnych i postaw działań „organicznikowskich", politycznych i pozapolitycznych, w ramach prawnych wyznaczonych przez zaborczą władzę. Pomoc dla uwięzionych była raczej tradycyjną domeną polskich kobiet, od Narcyzy Żmichowskiej po Stefanię Sempołowską. To było działanie ważne i powszechnie zrozumiałe. Pomoc dla uwięzionych robotników korespondowała dobrze z kompleksem polskiej inteligencji z powodu milczenia w grudniu 1970 roku i stanowiła możliwość udziału w akcji praktycznie każdemu: każdy mógł – choćby pieniężnie – wspomóc prześladowanych. Jednak pomoc uwięzionym nie wyczerpywała wszystkich społecznych potrzeb, zaś KOR nie miał pokusy, by stać się instytucją filantropijną. Dlatego, uogólniając swoje własne doświadczenie, środowisko korowskie sformułowało tezę o potrzebie budowania instytucji samoobrony społecznej we wszystkich dziedzinach życia zbiorowego. W ten sposób nieświadomie nawiązywano do myśli politycznej narodowych demokratów z pierwszych lat ich działania. Ta myśl, oparta na zamyśle budowania podmiotowości narodu i konstruowania polskiej polityki czynnej, była w środowiskach korowskich znana słabo i powierzchownie.

Brzmi to jak paradoks: byliśmy tak ostro atakowani przez ludzi o endeckiej proweniencji. To oni najczęściej oskarżali nas o kryptokomunizm, kosmopolityzm i inne grzechy główne. Tymczasem właśnie w pismach twórców myśli narodowo-demokratycznej, zwłaszcza u Dmowskiego i Popławskiego, mogliby odnaleźć korowcy – choć tam zwykle nie zaglądali – argumenty uzasadniające ich strategię.

Niewątpliwie były też analogie z ruchem rosyjskich dysydentów, a także z ruchami wyzwoleńczymi, które odrzucały programowo przemoc. Nie były to jednak pokrewieństwa uświadomione. Akcje KOR-u były ciągłą improwizacją. Kolejne pomysły powstawały niejako „w marszu" i nie starczało zwykle czasu na ich teoretyczne uogólnienie.

Często pytano mnie: czy KOR jest prawicowy, czy też lewicowy? Nawet wtedy uważałem to pytanie za źle sformułowane. Utożsamiając się z tradycją lewicową i lewicowym systemem wartości, uważałbym jednak rozciąganie tych określeń dla charakterystyki całego KOR-u za oczywiste nadużycie. Oczywiście nie byłem w KOR-ze jedynym dokonującym takiego samookreślenia, ale byli tam i tacy, którym nigdy nie przyszłoby ono do głowy. Dlatego też – sądziłem – KOR sytuował się ponad tym podziałem. Wokół innych wartości dokonała się integracja tych ludzi i innej natury były wewętrzne korowskie wiązadła. Podobnie – sądzę – rozumowali wszyscy korowcy.

Dziś powiem więcej. Sam podział „prawica-lewica", wyrósł w innej epoce i wydaje mi się dziś w Polsce (i chyba również w innych krajach rządzonych przez komunistów) niemożliwy do sensownej rekonstrukcji. Różnice dzielące w sposób istotny polską opinię publiczną skupiają się wokół innych spraw. Z dawnych konfliktów powstały spory o tradycję. Nie są one mało ważne, ale i one prowadzić muszą – taka kolej rzeczy – do przewartościowania, reinterpretacji i nowych syntez dawnych idei. Dobrym przykładem takiej próby może być krótki, mistrzowski esej Leszka Kołakowskiego o tym Jak być konserwatywno-liberalnym socjalistą *.

Esej Kołakowskiego – wskazując na autentyczne wartości tkwiące w każdej z tych tradycji – stanowi zatem znakomitą ilustrację procesów kształtowania się nowego myślenia o politycznych wartościach. Ten esej był jednocześnie zapisem. Zapisem syntezy tradycyjnie polemicznych wobec siebie systemów politycznego myślenia i wartościowania, syntezy, która dzień po dniu stawała się rzeczywistością. Tylko umysł ciasny i doktrynerski przekreślić może fakty społeczne; synteza zapisana przez Leszka Kołakowskiego była takim właśnie faktem.

KOR był świadomie antydoktrynerski. Jedyną jego „doktryną" była wciąż powtarzana teza o potrzebie budowania – drogą samoorganizacji – podmiotowości społeczeństwa. W ramach tej idei harmonijnie mogły z sobą współżyć – i współżyły – sposoby rozumowania odwołujące się do wartości wczoraj jeszcze gwałtownie konfliktowych. Akcji korowskiej tedy – niezależnie od tego, co sami korowcy wtedy o tym myśleli – nie da się zdefiniować i opisać w kategoriach właściwych epoce mieszczańskich rewolucji, w pojęciach sporu lewicy z prawicą. Co więcej, różnice zdań pomiędzy korowcami na temat przeszłości nie pokrywały się ze stanowiskami w dyskusjach nad współczesnością, zaś żadnej z tych różnic nie da się opisać

---

* L. Kołakowski, Jak być konserwatywno-liberalnym socjalistą?, „Czy diabeł może być zbawiony i 27 innych kazań", Wyd. Aneks, Londyn 1982.

w tradycyjnych kategoriach. Podczas tych sporów sądziłem inaczej. Definiując siebie jako socjaldemokratę i człowieka lewicy, doszukiwałem się w działaniach KOR-u realizacji tych właśnie, lewicowych i socjaldemokratycznych wartości. Myślę, że podobnie było z Jackiem Kuroniem, który słusznie uchodził za lidera KOR-u. Rodziło to wiele nieporozumień, gdyż nasi koledzy – nawet w pełni solidaryzujący się z meritum naszego stanowiska – nie chcieli nawet słyszeć o tych lewicowo-socjaldemokratycznych etykietkach. I to oni mieli rację. Skoro bowiem fenomenu KOR-u nie da się opowiedzieć w języku innej epoki, trzeba szukać nowego języka i nowych pojęć. Trzeba również przyjąć, że w KOR-ze, w jego ideach i w jego dokonaniach, współwystępowały rozmaite idee i tradycje. Będąc punktem zwrotnym w procesie rekonstrukcji niezależnego życia obywatelskiego, KOR był zarazem punktem przecięcia rozmaitych prądów ideowych, miejscem spotkania ludzi z różnych pokoleń i środowisk, rzeką, do której spływały bardzo różne strumienie. Łączył w sobie – i musiał łączyć – różne żywioły. Łączył w sobie tradycję, która była pamięcią zbiorowości podbitej z próbą nowoczesności, która była potrzebą zbiorowości ubezwłasnowolnionej. Łączył etos spiskowców z cierpliwością organiczników przetwarzających jedno i drugie – sam o tym nie wiedząc – w zalążek polskiej polityki czynnej. Łączył wartości uniwersalne z wartościami specyficznie narodowymi szukając wspólnego języka ze środowiskami opozycyjnymi krajów bloku sowieckiego, z kręgami antytotalitarnymi krajów Zachodu i rozwijając zarazem wątki tradycji ojczystej. Promieniował na zewnątrz i sam podlegał oddziaływaniu.

Jednak – podkreślić należy – środowisko korowskie nie stanowiło bynajmniej całej opozycji demokratycznej. Jeśli tego wątku nie rozwijam, to czynię tak dlatego, że nie znajduję w sobie dość obiektywizmu dla zdefiniowania różnic pomiędzy na przykład KOR-em a Ruchem Obrony Praw Człowieka i Obywatela. Były one z pewnością istotne, skoro wywoływały tyle sporów. Jednak ich przedmiot wciąż nie jest dla mnie dostatecznie klarowny. Zarzucano nam, że wyrzekamy się idei niepodległości. Był to zarzut głęboko niesprawiedliwy i ze złą wolą formułowany. Istotnie, nie powtarzaliśmy w każdym oświadczeniu deklaracji o miłości ojczyzny. Wszelako – powiadał Lampedusa – „ważnych słów nie można krzyczeć; krzyk miłości lub nienawiści znajdujemy tylko w melodramatach albo u ludzi najbardziej prymitywnych, co zresztą na jedno i to samo wychodzi".

Te zaklęcia nie były, skądinąd, potrzebne. Korowcy wpisali się w społeczne oczekiwania. Jeśli liczba ludzi aktywnych i ryzykujących wciąż rosła, jeśli gazety i książki niezależnych wydawnictw rozchodziły się coraz szerzej, jeśli wciąż nowe środowiska ogarniała potrzeba aktywności – to były to wszystko dowody na powstawanie nowej jakości w życiu publicznym Polaków. Przez kraj poczęły przebiegać cieniutkie nitki niezależnego obiegu komunikacji i informacji. Konstytuowała się niezależna więź społeczna i niezależna kultura. Wartości i utwory, tworzone na obrzeżach kultury oficjalnej, nabierały teraz nowego rezonansu. Niezależny obieg zdzierał z nich woal niedomówień. Znalazła ujście dojrzewająca potrzeba nazywania rzeczy po imieniu, potrzeba obcowania z autentycznymi wartościami, potrzeba prawdy. Świat polskiej rzeczywistości był „światem nieprzedstawionym", jak to zdiagnozowali w swej książce Julian Kornhauser i Adam Zagajewski. Postulat „przedstawienia świata" mógł być zrealizowany tylko w obiegu niezależnym. Nie tylko dlatego, że wiele z najważniejszych utworów (powieści Konwickiego czy Brandysa, opowiadania Nowakowskiego, eseje Bocheńskiego) było po prostu niecenzuralnych, ale i dlatego, że tylko językiem niezależnego obiegu można było rozmawiać o tych książkach, które prześlizgnęły się przez cenzorskie sito. Jeśli Zagajewski pisał „nie podasz ręki temu człowiekowi", to tylko język niezależny mógł tego człowieka nazwać. Jeśli Krynicki zauważał, że „faszyści zmieniają koszule", to tylko w języku niezależnego obiegu można było wyciągnąć z tego stwierdzenia wszystkie konsekwencje. W ewolucji postaw pisarzy łatwo dostrzec logikę – logikę polskiej drogi do wolności.

Stanisław Barańczak, znakomity pisarz i uczony, członek KOR-u od jego pierwszych chwil, najprecyzyjniej może zapisał klimat duchowy tej części swego pokolenia, która wybrała bunt. Nikt nie osiągnął jego maestrii w demaskowaniu oficjalnego języka i stereotypów urzędowej kultury; nikt z taką mocą nie sformułował prawdy o doświadczeniu marcowym; nikt tak proroczo nie zobaczył, że na dachy fabryk, kościołów i więzień zapada noc; nikt – wreszcie – nie uzasadnił tak przekonywająco, że tej nocy trzeba spojrzeć w twarz i wypowiedzieć wojnę. Nic przeto dziwnego, że właśnie jego wiersze stały się podstawą głośnego spektaklu Teatru Ósmego Dnia z Poznania. Kiedy z teatralnej sceny usłyszeliśmy, że „ci którzy biją czołem będą bić w twarz", wiedzieliśmy już, że ten właśnie teatr przemówił głosem naszego pokolenia. I tak się stało. Kto chce pojąć duchowość polskiej inteligencji, winien bacznie przeanalizować spektakle poznańskiego teatru.

A przecież nie był to teatr jedyny. Także w plastyce i w filmie, w auli uniwersyteckiej i w kościele dochodziła do głosu nowa świadomość. Kropla drążyła skałę. Uczyliśmy się więc nazywać i zapisywać rzeczywistość. Uczyliśmy się artykułować swoje potrzeby i formułować żądania rewindykacyjne. Uczyliśmy się wzajemnego porozumienia językiem nowych pojęć i nowego odczytywania przesłania polskiej tradycji. Ślady tych nauk trafiały także do oficjalnego obiegu – to także był znak czasu. Strach został nadgryziony, bierność – przełamana. Tradycyjny układ poczynał się chwiać; noc zaczynała się cofać.

KOR był tylko fragmentem tego procesu, ale był i inspiratorem szeregu samodzielnych przedsięwzięć w rozmaitych środowiskach. Korowcy mieli swój udział w tworzeniu Latającego Uniwersytetu, w Studenckich Komitetach Solidarności, wreszcie w Wolnych Związkach Zawodowych. Z małej garstki organizatorów WZZ Wybrzeża wyrosła dziesięciomilionowa „Solidarność"...

Nie był też KOR – jak wspominałem – jedynym ośrodkiem w łonie demokratycznej opozycji. Pisałem też o powodach, dla których nie będę charakteryzował innych środowisk. Jednak sam fakt ich istnienia, choć wzbudzał wtedy wiele polemik ewokowanych personalną i środowiskową rywalizacją, był zdecydowanie pozytywny. Rodził pluralizm, uczył reguł współżycia i uznania cudzej odmienności. Był też źródłem lekcji i wiedzy o rozbudzonych politycznych emocjach i ambicjach blokowanych przez długie lata. Nie była to wiedza nazbyt krzepiąca, bo dawała wgląd w mniej gustowną stronę ludzkiej natury. Poznawaliśmy więc ową niezwykłą podatność na degradację duchową, właściwą ludziom uwikłanym w polityczne i personalne konflikty. Było to zjawisko wspólne wszystkim środowiskom i chyba nikt z nas – uwikłanych w ten polemiczny magiel – całkiem czysty z tego nie wyszedł.

Bowiem przedsierpniowa opozycja demokratyczna składała się z ludzi o wielkim autorytecie moralnym i zawodowym (prof. prof. Edward Lipiński, Jan Kielanowski, ks. Jan Zieja, Halina Mikołajska, Jerzy Andrzejewski) z jednej strony, z drugiej zaś – z ludzi odważnych, zdeterminowanych i naznaczonych ostrą świadomością zablokowania życiowych szans i możliwości. Motorem ruchu byli oczywiście ci drudzy. U ludzi tego typu ambicje – skądinąd naturalne i pożyteczne – przybierają nader często kształty wynaturzone. Długoletnie unicestwienie rodzi megalomanię i pokusę rewanżu. Wśród ludzi zepchniętych na margines byli najwybitniejsi z Polaków, ale lekkomyślnością byłoby twierdzenie, że nie znajdowali się w tej sytuacji także ludzie po prostu marni. Dążenie do zmian najłatwiej uzyskuje poparcie wśród ludzi nieprzystosowanych i zbuntowanych przeciw rzeczywistości. Motywy takich buntów – jak wiadomo – mogą być nader różnorodne.

Te dwuznaczności nie były dla nikogo tajemnicą. Czyniono z nich, często koronny, zarzut pod adresem środowisk opozycyjnych. Jak byliśmy postrzegani?

Elity intelektualne przyjęły powstanie KOR-u z sympatią, ale i niewiarą w skuteczność korowskch poczynań. Korowcy byli garstką

15

bezbronnych; reżim był potęgą. Intelektualiści otwarcie popierali cele KOR-u, ale metody działania wydawały im się nazbyt ryzykowne. Zarzucano więc korowcom nadmierny radykalizm, brak umiaru, „przedwczesność" wielu inicjatyw. Trudno się temu dziwić: całe doświadczenie życiowe tych ludzi nakazywało im sądzić, że t o s i ę n i e m o ż e u d a ć. Mieli własne, dobrze wypracowane wzorce nonkonformizmu i oporu. Mieli wypracowaną przez lata pozycję i autorytet w życiu publicznym. Mieli wreszcie autentyczne osiągnięcia: publikowane książki, dokonane prace badawcze. Chcieli móc to kontynuować z pożytkiem dla wszystkich. Powtórzmy – trudno się temu dziwić. Ci ludzie nie mieli żadnego doświadczenia w działaniach układu nieoficjalnego; nie odczuwali też żadnej potrzeby i pokusy, by te doświadczenia nabywać. Byli oni przecież – wprawdzie opozycyjną – częścią układu oficjalnego. KOR, kierowany przez ludzi młodych i skłonnych do codziennego ryzyka, łamał oficjalne hierarchie i tworzył nowe. Rodziło to sytuacje wyboru. Różni ludzie różnych dokonywali opcji. Trwały ostre spory. Odżyły one później w epoce „Solidarności".

Gierkowski aparat władzy deklarował, że lekceważy opozycję demokratyczną. Poza krótkimi okresami nagonek (np. maj 1977 r.) zachowywano na ten temat dyskretne milczenie. W prywatnych rozmowach przedstawiciele aparatu władzy deklarowali, że „jak będzie trzeba, to czapkami ich nakryjemy". Po Sierpniu dotychczasowe milczenie zastąpiły zmasowane ataki. Jaki kształt przybrał typ idealny korowca w wypowiedziach oficjalnych propagandzistów?

Przyjrzyjmy się jednej z tych wypowiedzi. Ujrzymy korowca jako pseudomęczennika. „Najlepiej wykazać się cierpieniami – pisze Mirosław Karwat w książce «Odnowiciele» – represjami i prześladowaniami w mrocznej niedalekiej przeszłości. Każdy, kto miał przerwy, zakłócenia lub zwykłe niepowodzenia w karierze za czasów obalonego reżimu, choćby nawet wówczas nie miały one nic wspólnego z polityką, może teraz wmówić publiczności, że to z powodu przekonań lub czynnego oporu wobec wypaczeń, które dostrzegał już wtedy on pierwszy (prekursor zbiorowego protestu), przed którymi ostrzegał, ale go kneblowano. Kto? Wiadomo, cenzura, szantaż, terror policyjny w tym policyjnym ustroju. Zaleta tej legitymacji cierpień jest podwójna. Nie tylko umożliwia ona wiarygodność, ale ponadto gwarantuje bezgraniczny sukces. Męczennik i prześladowany to nie żaden partacz, nieudacznik czy konformista nie w porę, ze spóźnionym refleksem, to – przeciwnie – wyjątkowy i bezkompromisowy talent, który ma odtąd bezwyjątkowe prawo do tego, by każde jego dzieło przyjmować z uznaniem. Mierne dzieła z czasów prześladowań jawią się odtąd jako skrzywdzone z rozmysłem arcydzieła. Z szuflady wyfruwają antydatowane przenikliwe prognozy Wielkiego Wstrząsu i Wielkiego Krachu. Abonament zasług staje się bezterminowym tytułem do nieustających nagród".

Ten partacz i konformista ze spóźnionym refleksem, nieudacznik i karierowicz – to korowiec. Ponieważ wiadomo, że z powodu przekonań czy czynnego oporu nikt w PRL nie miewał żadnych kłopotów, korowiec-męczennik staje się postacią śmieszną raczej niż przerażającą, godną politowania, a nie – nienawiści. Aliści wnet okazuje się, że ten krzykliwy nieudacznik jest postacią dość demoniczną. Bo oto czytamy, że ten przed chwilą obśmiany męczennik jest zarazem „zawodowym opozycjonistą", „specjalistą od przewrotu politycznego", który „przeniknął do ruchu odnowy". Jest „kontrrewolucjonistą". Należy do „znikomej mniejszości" „wyspecjalizowanej w walce politycznej", która „zdołała narzucić swe cele i strategię działania masowemu ruchowi złożonemu z ludzi, którzy z tą mniejszością ani nie mieli, ani nie chcieli mieć nic wspólnego". Bowiem „o tym, czy kontrrewolucja istnieje, nie rozstrzyga się na podstawie oświadczeń jej liderów i dementi jej klientów. Nie zatrze jej śladów alibi i świadectwo przyzwoitości wystawiane hojnie i niebezinteresownie przez Wiarygodne Autorytety. Decydują o tym fakty: programy, życiorysy, powiązania, wpływy, działania. Decydują tedy, biografie polityczne".

Autor cytowanej książki zaoszczędził czytelnikowi relacji o tych biografiach. Sięgnijmy przeto do innego wiarygodnego świadka naszej niespokojnej epoki. W tomie trzecim akt sprawy karnej przeciwko Bogdanowi Lisowi, Adamowi Michnikowi i Władysławowi Frasyniukowi, na karcie 455, znajduje się wywiad na tamat Adama Michnika sporządzony drapieżnym piórem sierżanta sztabowego z Dzielnicowego Urzędu Spraw Wewnętrznych Warszawa-Śródmieście.

Łatwiej przytaczać paskudztwa o sobie niż o kolegach – stąd wybór tej charakterystyki „wroga". Kim jest tedy ów dżentelmen, aktualnie oskarżony o przynależność do Tymczasowej Komisji Koordynacyjnej NSZZ „Solidarność"?

Przeczytajmy uważnie:

„Sierż. Szt. Andrzej Solecki   Warszawa, dn. 7 III 1985 r.
DUSW Warszawa-Śródmieście

Wywiad

W toku przeprowadzonego wywiadu o:

Adamie Michniku s. Ojzasza Szechtera i Heleny zd. Michnik, ur. 1946.10.17 w Warszawie, zam. W-wa, Al. Przyjaciół 9 m. 13, mgr. hi-

17

storii, absolwent Wydziału Filozóficzno-Historycznego Uniwersytetu im. Adama Mickiewicza w Poznaniu, narodowość żydowska, obywatelstwo polskie, kawaler, nie pracujący, bez majątku i odznaczeń, nigdzie nie zrzeszony.

ustalono, że jest jedynym lokatorem mieszkania o powierzchni 114,5 m². W miejscu zamieszkania społecznie w sensie pozytywnym nie udziela się, nie pracuje od kilkunastu lat, nie są znane źródła jego utrzymania. Opiniowany posiada dwóch braci – Jerzy Michnik ur. 1928 r., technik-elektryk – przebywa w USA; Stefan Michnik ur. 1929 r., były pracownik Zarządu Sądownictwa Wojskowego w Warszawie, był m.in. w składzie sędziowskim w sprawach grupy polskich oficerów tak zwanego Tatara-Kirchmajera. Obecnie przebywa w Szwecji pod przybranym nazwiskiem Karol Szwedowicz. Adam Michnik od 1967 roku do chwili obecnej aktywnie występuje przeciw PRL, m.in. był jednym z organizatorów antypaństwowej grupy występującej p..n. «Komitet Samoobrony Społecznej KOR». W 1968 r. karany sądownie z art. 36 i 49 par 2 mkk (3 lata więzienia i 2 lata utraty praw publicznych), zwolniony na mocy amnestii w 1969 r.

W dniu 1981.12.13 został internowany na mocy dekretu Rady Państwa, następnie dnia 1982.09.03 przedstawiono wym. zarzut z art. 123 w zw. z art. 128 par. 1 kk za podjęcie czynności przygotowawczych mających na celu obalenie ustroju PRL i osłabienie mocy obronnej i zastosowano środek zapobiegawczy w postaci aresztowania.

Mimo izolacji w ośrodku odosobnienia w Białołęce, a następnie w Areszcie Śledczym przy ul. Rakowieckiej Adam Michnik przekazywał za pośrednictwem różnych osób materiały o charakterze antypaństwowym w celu ich publikacji w kraju i zagranicą. Wobec powyższego dn. 1983.09.17 wszczęto śledztwo przeciwko A. Michnikowi z art. 270 par. 1 kk w zw. z art. 273 par. 2 oraz 271 par. 1 i 2 kk.

We wrześniu 1983 r. Naczelna Prokuratura Wojskowa skierowała akt oskarżenia do Sądu Warszawskiego Okręgu Wojskowego przeciwko czterem tymczasowo aresztowanym (J. Kuroniowi, A. Michnikowi, Zb. Romaszewskiemu i H. Wujcowi) członkom b. antypaństwowego ugrupowania występującego pod nazwą Komitetu Samoobrony Społecznej «KOR». Rozprawa rozpoczęła się 1984.07.13 i po krótkiej kilkudniowej przerwie Sąd Warszawski Okręgu Wojskowego postanowił postępowanie w stosunku do A. Michnika umorzyć na mocy amnestii z dn. 1984.07.21. W dniu 1984.08.04 A. Michnik opuścił Areszt Śledczy i ponownie włączył się do organizowania wrogiej działalności przeciwko PRL i jej organom.

W opinii sąsiadów A. Michnik jest bardzo niechlujny, nie przywiązuje wagi do czystości ani też ubioru. W różnych porach dnia i nocy odwiedzany jest przez NN osoby płci obojga, które zakłócają często spokój mieszkańców".

Zacytowany utwór sierżanta sztabowego Andrzeja Soleckiego jest klasycznym przykładem konstrukcji wizerunku wroga. Wróg jest bogaty i żyje w luksusie (rozmiar mieszkania), ale jakże mroczne są źródła jego bogactwa („nie znane są źródła jego utrzymania"). Wróg jest aspołeczny („w miejscu zamieszkania w sensie pozytywnym nie udziela się") i dokuczliwy dla otoczenia („zakłóca spokój mieszkańców"). Wróg jest amoralny („w różnych porach dnia i nocy odwiedzany jest przez NN osoby płci obojga") i szkaradny („jest bardzo niechlujny, nie przywiązuje wagi do czystości ani do ubioru"). Jest przestępcą kryminalnym (karany sądownie) i ma powiązania zagraniczne (dwaj bracia). Jest zajadły (dąży do obalenia ustroju i osłabienia mocy obronnej) i jest pasożytem („nie pracuje od kilkunastu lat"). Jest w swej wrogości permanentny i nieuleczalny („od 1967 r. aktywnie występuje przeciwko PRL", „mimo izolacji w ośrodku odosobnienia w Białołęce, a następnie w Areszcie Śledczym przy ul. Rakowieckiej przekazywał za pośrednictwem różnych osób materiały o charakterze antysocjalistycznym w celu ich publikacji w kraju i zagranicą"). Jest „nieresocjowalny" („w dniu 4 VIII 1984 r. opuścił Areszt Śledczy i ponownie włączył się do organizowania wrogiej działalności przeciwko PRL i jej organom")

Nade wszystko jednak – jest o b c y („narodowość żydowska"). Ponieważ zaś wiadomo, że to od obcych płynęły i płyną wszystkie narodowe nieszczęścia Polaków, wizerunek wroga wzbogaca portret jego brata („były pracownik Zarządu Sądownictwa Wojskowego w Warszawie, był m.in. w składzie sędziowskim w sprawach grupy polskich oficerów tzw. Tatara-Kirchmajera"). Ten brat – farbowany lis – „obecnie przebywa w Szwecji pod przybranym nazwiskiem".

Sierżant sztabowy pomieścił w swym wypracowaniu wszystkie elementy obecne w antykorowskiej kampanii propagandowej. Wedle tej receptury, z półprawd i oczywistych kłamstw lepiono nasze podobizny dla wytwarzania stereotypu „wroga", który miał integrować aparat władzy i zohydzać nas w oczach opinii publicznej. „Wróg" musiał być pozbawiony wszelkich cech pozytywnych. Musiał być bogaty i amoralny, złączony silnymi więzami z imperialistyczną zagranicą i zajadły w swym zacietrzewieniu. Nie wystarczyło jednak, że był szkodliwy – musiał być jeszcze wstrętny i odrażający, także uwikłany w odpowiedzialność za stalinowskie zbrodnie. I musiał być obcy.

Któż mógłby tedy wystąpić w tej roli? Zwolennik Stanów Zjednoczonych? Rząd amerykański był zbyt silny i potrzebny jako kredytodawca. Człowiek związany z Kościołem katolickim? Prymas i papież potrzebni byli dla celów wewnętrznej gry politycznej, zaś lojalność Polaków wobec Kościoła była zbyt głęboko zakodowana w umysłach Polaków. Korowiec nadawał się do tej roli idealnie: był abstrakcyjny i konkretny; był powszechnie znany i relatywnie bezbronny. Można było nie przebierać w środkach...

Niektórych zdziwi – być może – określenie „narodowość żydowska" wśród danych personalnych zgromadzonych przez sierżanta sztabowego Andrzeja Soleckiego. Niesłusznie. To była stara płyta puszczana od wielu lat w ruch przez naszych orłów ze Służby Bezpieczeństwa. Czytałem to już o sobie niejednokrotnie w ulotkach i gazetkach redagowanych i rozpowszechnianych przez intelektualistów-internacjonalistów z ulicy Rakowieckiej.

To prawda. Zastosowane przez nich kryterium „narodowości" znamionuje świadomość charakterystyczną dla funkcjonariuszy hitlerowskiego aparatu władzy. Hitlerowcy wpisywali, osobom kwalifikowanym wedle ustaw norymberskich jako Żydzi, do akt personalnych literkę „J" (*Jude*) i dodawali do nazwiska imię „Izrael". Narodowość żydowska nie jest w niczym mniej wartościowa od polskiej. Do tej narodowości przyznawali się moi dziadowie. Wymordowali ich hitlerowcy. Wymordowali za to tylko, że wedle swych kryteriów zakwalifikowali ich jako „narodowość żydowską" tylko dlatego, że jakiś hitlerowski sierżant sztabowy wpisał im do kartoteki literkę „J".

I oto ja, w czterdzieści lat po klęsce Hitlera, zostałem wedle czysto hitlerowskich kryteriów przypisany do „narodowości żydowskiej". Zmusza to do namysłu nad mentalnością moich „klasyfikatorów". Jednak u ludzi, którzy zamordowali ks. Jerzego Popiełuszkę, taka mentalność nie powinna zadziwiać. Sierżant sztabowy Andrzej Solecki jest po prostu jednym z tych ludzi.

Ten pan dobrze wie, że moja narodowość jest polska. Ten pan dobrze wie, że sierżantom sztabowym z Dzielnicowych Urzędów Spraw Wewnętrznych nie przysługuje prawo do samodzielnego ustalania narodowości obywateli polskich w oparciu o hitlerowskie kryteria rasowe. Ale sierżant sztabowy wykonał bojowe zadanie. Nie wiem – z lęku czy z przekonania, z niskiej chęci awansu czy z głupoty – zrobił to, co mu kazali, przeświadczony o wszechmocy kłamstwa w kształtowaniu społecznych nastrojów. A potem prasa zachodnia rozpisuje się o „polskim antysemityzmie"...

Przeto przypominam raz jeszcze – zacytowany przypadek dowodzi wyłącznie obecności postaw rasistowskich wśród funkcjonariuszy komunistycznego aparatu władzy.

Kiedy zapytywano mnie na publicznych spotkaniach o kłamstwa zawarte w policyjnych publikacjach, udzielałem dość wyczerpujących odpowiedzi. Ale na charakterystykę sierżanta sztabowego nie będę replikował. Jest ona po prostu kapitalnym źródłem wiedzy o moralności i mentalności ludzi z aparatu bezpieczeństwa oraz o ich obrazie „wroga". Dlatego zasługiwała na przytoczenie.

Kogo interesują szczegóły tego światopoglądu, niech sięgnie po prasę z 1968 roku lub po numery tygodnika *Rzeczywistość*, gdzie intelektualiści ze Służby Bezpieczeństwa na nowo eksponowali swoje przemyślenia z epoki marcowej.

Zwrócić natomiast wypada uwagę, że ten „żydo-stalinowski" stereotyp nieźle przylegał do konserwatywnych, określających same siebie jako nacjonalistyczno-katolickie, schematów antykomunizmu. Odpowiadał nie przewietrzonym od dawna przyzwyczajeniem myślowym, usprawiedliwiał długoletnią absencję w życiu publicznym, racjonalizował niechęć do korowców podejmujących ryzyko. Słowem, sprzyjał poprawie autowizerunku, zgodnie ze starą prawdą, że łatwo wierzy się w to, czego się pragnie.

Z ust tych ludzi można było usłyszeć, że korowcy reprezentują trockizm bądź eurokomunizm, można też było dowiedzieć się o jakichś tajemniczych powiązaniach KOR-u z równie tajemniczymi frakcjami w Komitecie Centalnym PZPR. Powtarzano też wieść o niechęci korowców do idei niepodległościowej i o ich kosmopolityzmie.

Dzisiaj nie ma już powodu podejmować polemiki z tymi bredniami. Korowcy dosyć jednoznacznie zaświadczyli, kim są i do czego dążyli. Odnotujmy tylko, że w środowiskach karmiących się fobiami i resentymentami, w atmosferze blokady normalnych kanałów komunikacyjnych i informacyjnych, w klimacie skażonym plotką i nieufnością, wśród wyznawców spiskowej koncepcji historii i wśród adeptów materializmu detektywistycznego w interpretacji dziejów – ten stereotyp mafijnego KOR-u i jego działaczy, sprytnych arywistów wspinających się do władzy po cudzych grzbietach, uzyskał pewną ilość zwolenników. Wątpię, by zdarzenia następnych lat i postawa korowców po wprowadzeniu stanu wojennego skłoniła tych ludzi do obrachunku sumienia. Nie czytałem ani jednej takiej wypowiedzi. Nikt z osób opluwających nas przez lata z podziwu godną konsekwencją nie zdobył się na publiczne słowo ubolewania. Oni nadal wolą rozliczać innych z grzechów wymyślonych przez policyjną propagandę.

Nie utożsamiam jednak tych kręgów z policyjną agenturą. Choć agenci mogli nieźle wśród nich prosperować – gdzież ich zresztą nie było? – nie da się tych środowisk zredukować do roli agenturalnej. Nie mam wątpliwości, że są to grupy autentycznych antykomunistów. Rzecz w tym wszakże, iż definiują oni sytuację Polski w kategoriach z innej epoki. Są jak okręty zepchnięte z kursu uderzeniem martwej fali lub jak pozostałości dawnych wielkich ruchów społecznych i ideowych po wielkim wstrząsie czy potopie. Są jak bonaparty-ści we Francji Mitteranda czy jak monarchiści w Rosji Gorbaczowa. Z wielkiego obozu politycznego narodowej demokracji, obozu o wielowątkowej myśli programowej i bogatej historii umysłowej pozostali właściwie oni: nieszczęśnicy wierzący w rządy masonerii, w spiski izraelickie i w KOR – dzieło mafii zakamuflowanych stalinow-ców i Żydów.

Tych gorzkich słów – to oczywiste, choć niezbędne zastrzeżenie – nie powinni brać do siebie ci z naszych antagonistów, którzy zawsze respektowali normalne reguły kultury sporu w politycznej polemice (np. Aleksander Hall). Nie mogę jednak przejść do porządku dziennego nad permanentnym kwestionowaniem naszej uczciwości, prawdomówności i dobrej woli przez ludzi, którzy samych siebie tylko mianowali depozytariuszem narodowej tradycji Polaków. Dedykuję im słowa Mochnackiego sprzed 150 lat: „gatunek terroryzmu – najstraszniejszy, najokropniejszy – jest to terroryzm zawziętego w śmiesznym uprzedzeniu mniemania, terroryzm obskurantyzmu politycznego". Poczucie, że są to słowa niepokojąco aktualne, zmusza mnie do przypomnienia tych smutnych spraw. I do gorzkiego wspomnienia opinii Ksawerego Pruszyńskiego, że „w Polsce umiejętnie organizowane są tylko nagonki".

Nie gwoli porachunków piszę o tym, lecz ku przestrzodze. Ku przestrodze nam wszystkim.

To oczywiste – nowe zawsze rodzi się w konfliktach. To pewne – brak kultury politycznej i długoletnia nieobecność pluralizmu mściła się na nas wszystkich. My, korowcy, także nie byliśmy bez grzechu. Także z trudem uczyliśmy się tolerancji i pluralizmu. Ale my chcieliśmy się tego nauczyć. My wiedzieliśmy, że żadne plotki i pomówienia, żadne dorabianie rodowodów i licytacje we frazesach nie zastąpią sporu o idee i wartości. Jakże to okazało się trudne! Nie umieliśmy – przyznaję – nawet w sporach między sobą „pięknie się różnić", a końcowy akord naszej instytucjonalnej egzystencji skażony został gorszącą wymianą zdań na łamach jednego z pism. A przecież nie chodziło o spory zasadnicze. W KOR-ze ścierały się różne punkty widzenia, ale nie umiałbym opisać ich w innych kategoriach niż różnice taktyki czy konflikty personalne. Czemu więc rozstawaliśmy się w gniewie? Może to ciągłe życie w napięciu, w ryzyku oducza reguł demokratycznej walki politycznej? Może w takim życiu wzrasta aż do absurdu rola osobistej lojalności, a każde jej naruszenie eksploduje właśnie konfliktem osobistym, który z konieczności wyraża się w języku politycznej kontrowersji? Może dlatego tak wielką rolę w KOR-ze odgrywali ludzie definiujący się raczej w kategoriach moralnych niż politycznych: Halina Mikołajska i Anka Kowalska, Jan Józef Lipski i Józef Rybicki,

22

ks. Jan Zieja i Jan Kielanowski? A może dlatego, że prawem zwykłego świata jest, iż interesy są ważniejsze od ideałów, podczas gdy dla nas jednak ideały były ważniejsze? Nie umiem na te pytania odpowiedzieć. Może kiedyś do nich powrócę. Może kiedyś spróbuję opowiedzieć o tym dziwnym przeobrażeniu, którego byłem świadkiem: z idealisty w politycznego gracza, o niebezpiecznym procesie profesjonalizacji, tyleż niebezpiecznym, co smutnym. To także był element mojego korowskiego doświadczenia.

Jednak jego istotą było coś innego – stworzenie instytucji uczciwej i środowiska ludzi tak różnych, które przetrwało jednak kilka trudnych lat. Byli tam ludzie dostojni i zasłużeni, którzy ofiarowali ruchowi całą swoją przeszłość. Byli i młodzi, ci ryzykowali przyszłością. Młody KOR – jak to nazwaliśmy między sobą – składał się z osób o wspólnym przeżyciu pokoleniowym marca 1968 roku. Choć stosunkowo młodzi, byliśmy całkowicie pozbawieni złudzeń. Ostatnie wybito nam z głowy pałkami podczas studenckich strajków i marcowych manifestacji. Młodzi korowcy wiedzieli, co ryzykują, ale nie wiedzieli wcale, jak niezwykłe będą konsekwencje ich poczynań. Podpisywali imieniami i nazwiskami komunikaty o policyjnych represjach, by nikt nie miał wątpliwości, gdzie szukać autorów informacji. Spędzali kolejne doby w komisariatach. Byli bici przez milicjantów pałkami w pięty i przez aktywistów z Akademii Wychowania Fizycznego – pięścią w głowę. Nie bronili się, nie oddawali ciosów. Wiedzieli, że nie zwyciężą, wdając się w bójki. Rzec by można, używając cynicznego sformułowania Daniela Passenta, że korowcy „bili głową w mur, by pokazać guza".

A przecież zwyciężyli. To, co było przedtem przedmiotem dowcipów szefów Passenta, stało się kluczową sprawą polskiej rzeczywistości. I do dziś być nią nie przestało.

Dlatego uważam, że myślenie korowców było myśleniem realistycznym. U swego początku opierało się ono na założeniu, że zarówno w konfliktach międzynarodowych, jak i wewnętrznych należy szukać rozwiązań kompromisowych. Jeśli nie chce się strzelać, należy się porozumiewać. Wyrazem tej logiki była konferencja w Helsinkach; jej wyrazem były także relacje między władzą a społeczeństwem w Polsce w latach 1976-1980.

Znany publicysta partyjny, Ryszard Wojna, jest odmiennego zdania. Rozważając obecne stosunki państwowe francusko-polskie, pisał:

„Kiedy szukam wyjaśnienia dzisiejszego stosunku Paryża do Warszawy, od mych przyjaciół francuskich słyszę, iż powoduje nimi przede wszystkim ... umiłowanie wolności, której Polska jest dla nich symbolem. Miałbym wtedy ochotę odpowiedzieć «wolne żarty», gdyby w grę nie wchodziły sprawy bardzo poważne. W Polsce w roku 1985 zakres wolności i demokracji – również w mieszczańskim tych pojęć rozumieniu – jest znacznie szerszy, niż w czasie, gdy I sekretarzem KC PZPR był Edward Gierek. Można to bez trudu udowodnić. Tymczasem nie przypominam sobie ani jednego protestu francuskiego z powodu aresztowania przywódców KOR w latach siedemdziesiątych, choć zdarzało się to dość często. Nie przypominam sobie też kampanii solidarności z tamtego czasu np. z wydawnictwami nielegalnymi w Polsce, choć ukazywało się ich sporo i docierały na Zachód. Nie przypominam sobie mentorskich pouczeń z Paryża, co wolno premierowi Jaroszewiczowi, a co nie. Czyżby to wszystko tylko dlatego, że ówczesny przywódca Polski mieszkał kiedyś we Francji i mówił po francusku?"

Ryszard Wojna ma pamięć krótką i selektywną. Nie tak jednak krótką, by nie wiedział, że kłamie. Po prostu – kłamie. Rząd Jaroszewicza – nie ja byłem jego apologetą... – nie wprowadził w Polsce stanu wojennego; Edward Gierek – nie ja wypisywałem na jego cześć peany.... – uznał po konferencji helsińskiej za punkt swego programu, by w Polsce nie było więźniów politycznych. Tamci ludzie – cokolwiek złego o ich nieudolności i bezprawiu już powiedziano i powiedzieć jeszcze trzeba będzie w przyszłości – nie posunęli się do przelewu krwi dla ratowania swej władzy. Istotą polityki tamtych ludzi była rzeczywista próba respektowania zasad kompromisu w polityce międzynarodowej i wewnętrznej. Istotna różnica pomiędzy tymi sferami polegała na tym, że w Helsinkach zwerbalizowano zasady porozumienia między państwami różnych bloków, podczas gdy w Polsce, aż do Sierpnia 1980 roku, umowa miała charakter niepisany.

Represjonowano nas, ale nie unicestwiano. Za współpracę z niezależnym wydawnictwem usuwano z pracy i zamykano na dwa dni. Dziś Jaruzelski hojną ręką serwuje za to parę lat więzienia. Kapitan Piotrowski nie mordował księży, a sierżant sztabowy Solecki nie wpisywał mi do ankiety personalnej „narodowość żydowska". Aparat władzy dążył do tego, by nas „otorbić", lecz nie próbował nas wymordować, czy choćby przez długie lata trzymać w więzieniach po sfabrykowanych procesach.

Tak było do sierpniowych strajków. Wtedy – gdy R. Wojna straszył Polaków nowymi rozbiorami – w Stoczni Gdańskiej podpisano porozumienie pomiędzy władzą i społeczeństwem. Jego istotą było zawarcie kompromisu i wyrzeczenie się przemocy we wzajemnych relacjach. Sala BHP Stoczni Gdańskiej stała się czymś na kształt polskich Helsinek. I tylko porozumienie gdańskie wyznacza dziś skalę dla oce-

24

ny linii politycznej Jaruzelskiego, a nie – jak to czyni Wojna – porównanie z Gierkiem, Gomułką czy Bierutem. Porozumienie gdańskie było spisaniem kompromisu, który formułował się przez poprzednie lata; stan wojenny był tego kompromisu złamaniem. Ryszard Wojna wie o tym wszystkim, ale najwyraźniej liczy na naiwność czytelników. Niesłusznie – epokę naiwności Polacy mają już za sobą.

Porozumienie gdańskie było możliwe dzięki funkcjonowaniu wypracowanej w epoce KOR-u strategii politycznej, która zakłada, że skoro Polacy nie są w stanie zmienić mapy politycznej Europy, winni ją respektować i w jej ramach dobijać się rozwiązań opartych na – okrojonej choćby – sprawiedliwości. W chwili podpisania gdańskiej umowy społecznej wypełniła się historyczna rola KOR-u. Przestał on wtedy faktycznie istnieć jako instytucja i jako środowisko. W zmienionej sytuacji KOR przestał być społeczeństwu potrzebny. Korowcy stali się fragmentem „Solidarności" i w nowy czas podążyli osobnymi, często odmiennymi drogami. Zapewne każdy z nas różne nauki wyniósł z korowskiego doświadczenia. Co ja wyniosłem?

Dla mnie chyba najważniejszym było utwierdzenie się w prawdzie słów Edwarda Abramowskiego: „duszą solidarności jest przyjaźń objawiająca się bez interesu osobistego we wszystkich sprawach życia, zarówno indywidualnych, jak i społecznych". Porozumienie gdańskie dowiodło kilku zasługujących na pamięć prawd. Dowiodło, że w kraju rządzonym przez komunistów, w bezpośrednim sąsiedztwie Związku Radzieckiego, w epoce doktryny Breżniewa i umowy z Helsinek, możliwe było zawarcie porozumienia między rządem a reprezentacją strajkujących robotników, która była faktycznie reprezentacją przytłaczającej większości Polaków. Władza komunistyczna – był taki moment! – wolała z oponentami negocjować, niż ich mordować i więzić. Robotnicy woleli zawrzeć porozumienie, niż dać upust uczuciom zemsty i gniewu. To ważna i godna zapamiętania lekcja.

Sierpień dowiódł również, że społeczeństwo w krótkim czasie umiało zrekonstruować swe wewnętrzne więzi i odbudować swą podmiotowość, zaś aparat władzy w równie krótkim czasie umiał wypracować nowy sposób reagowania na kryzys społeczny.

Sierpień unaocznił, które z przedsierpniowych postaw nacechowane były realizmem, a które karmiły się lękiem czy też złudzeniem.

IV

W EPOCE „Solidarności" mówiło się o realizmie częściej niż kiedykolwiek. Nikt nie był skłonny do rezygnacji z miana „realisty", choć zarzut „braku realizmu" stał się obiegową monetą w polemikach. Trwał spór.

25

O tym sporze mówi się dzisiaj mętnie i półgębkiem. Nic dziwnego: okazał się przecież dość akademicki w świetle 13 grudnia, a przeplatały go całkiem inne podziały, tak ideowe, jak i personalne. Po 13 grudnia niemal wszyscy polemiści zostali zredukowani do poziomu więźniów. Trudno było spierać się nadal – w więziennej celi. Wreszcie, z pewnością ważniejszym jawił się wczorajszym antagonistom problem „Solidarności" dnia dzisiejszego, „Solidarności" zepchniętej w podziemie i szukającej nowych sposobów działania. Również autor tych uwag uważa spór o dzień dzisiejszy za nieporównanie bardziej doniosły od historycznych już podziałów. Jednak jest to epoka wciąż niedokończona, proces ciągle otwarty, jak otwarte są nasze własne biografie. Pamięć zbiorowa – jeśli nie ma być bezładną sieczką faktów, jeśli chce stać się samowiedzą historycznego podmiotu – domaga się przecież jakiegoś uporządkowania zdarzeń. Gdy zaś o to trudno, chce znać choćby różne scenariusze nieodległej przeszłości, różne sposoby jej zapamiętywania i interpretowania. Celem tych – jakże banalnych – spostrzeżeń jest artykulacja poglądu, że choć nikt z nas, aktorów tamtych zdarzeń, nie powinien dziś rościć sobie tytułu do bezwzględnej słuszności swych poczynań, to przecież każdy powinien podjąć wysiłek najuczciwszej rekonstrukcji własnego sposobu rozumowania. Warto – myślę – na nowo przyjrzeć się racjom wczorajszych antagonistów, zwłaszcza zaś tych z nich, którzy po 13 grudnia udokumentowali postawą niekoniunkturalność swoich wczorajszych zaangażowań. Tak się bowiem składa – i trudno się temu dziwić – że wraz z wprowadzeniem stanu wojennego liczba działaczy „Solidarności" i jej doradców gwałtownie zmalała. Przywódcy Związku nie uskarżają się już na tłok w korytarzach i nadmiar ekspertyz; doradzanie „Solidarności" przestało już być tak bardzo modne. Także z tej perspektywy warto spojrzeć na niejedną wczorajszą różnicę zdań.

Nie jestem ich obiektywnym świadkiem. Byłem uczestnikiem i nader subiektywnym obserwatorem dyskusji w łonie „Solidarności". Decydując się na na próbę odtworzenia własnego punktu widzenia, nie kuszę się wcale o nakreślenie całości obrazu. Chcę tylko dorzucić swój kamyk do mozaiki, która z różnych głosów złożona powstaje w zbiorowej pamięci.

Zanim jednak to uczynię, wypadnie mi poświęcić – tytułem dygresji – nieco uwagi wezwaniom do samokrytyki formułowanym pod adresem „Solidarności" przez propagandystów rządu Wojciecha Jaruzelskiego. Daniel Passent, zastępca naczelnego redaktora *Polityki* pisał w jednym ze swych felietonów w kwietniu 1985 roku:

„Niczego się nie nauczyli, nic nie zrozumieli – lubią mówić przedstawiciele opozycji o ludziach władzy, powołując się na cykliczne kryzysy trawiące nasz kraj. Jednakże w Polsce istnieje nie tylko władza, ale również Kościół oraz ośrodki niezależne, a także opozycyjne, zastanówmy się przez chwilę, czy ktoś słyszał samokrytykę z i c h strony? (...) Zapytajmy więc ośrodki niezależne, a nawet opozycję, czy one przeprowadziły samokrytykę, czy gdzieś pod ziemią lub za granicą, bądź na falach eteru, ukazała się książka, list, manifest zbiorowy, w którym ci, co mają autorytet moralny i polityczny lub tak sądzą, przede wszystkim byli doradcy byłej „Solidarności", a i obecni działacze opozycji, wyspowiadali się przed Bogiem i Ojczyzną, rozpatrzyli własne błędy, zastanowili się, jaka jest ich współodpowiedzialność za stan wojenny, czy i ile cegiełek dołożyli do muru izolacji wzdłuż zachodnej granicy, czy ich nie obciąża krew zabitych, czy oni nie nadużyli zaufania? Niestety (...) ogromna większość dawnych i obecnych działaczy opozycji kręci tę samą katarynkę, że za poprzednich 37 lat odpowiadają tylko komuniści i ich trzeba rozliczać i oni też wyłącznie są winni takiego, a nie innego przebiegu kryzysu 1980/81. Dla nich więc np. ważne jest wyłącznie to, że Seweryna Blumsztajna odstawiono do granicy, a nie po co tu przybywał i co jest dla Polski lepsze – Blumsztajn w więzieniu, dokąd otwarcie zmierzał, czy w Paryżu? (...) Na podstawie strzępów różnych przesłanek (...) odnieść można wrażenie, że opozycja lekcji się nie nauczyła i nie zrozumiała. (...) Najmniej, albo i wcale, ma opozycja (...) pretensji do siebie samej".

Daniel Passent czuje się tedy rozczarowany, że nie mamy pretensji do samych siebie o to, iż podlegamy prześladowaniem. Smutno mu i z tego powodu, że nie nauczyliśmy się lekcji, którą on ma już tak dobrze wykutą: „to Jaruzelski i Rakowski są zbawcami ojczyzny". Ja zaś – ponieważ cenię talent Passenta – jestem rozczarowany poziomem jego argumentacji. Zastanawiam się, w jaki sposób potraktowałby on chilijskiego felietonistę z prorządowego tygodnika, gdyby ów postawił publicznie takie pytania i zarzuty działaczom chilijskich związków zawodowych czy chilijskim emigrantom? Gdyby ów „pinochetowski Passent" zapytał z łam swej gazety wygnanych, ściganych i więzionych rzeczników chilijskiej demokracji, „jaka jest ich współodpowiedzialność za stan wyjątkowy ogłoszony przez Pinocheta", „ile cegiełek dołożyli do muru izolacji chilijskiego państwa" lub też, „czy nie obciąża ich krew zabitych przez pinochetowską służbę bezpieczeństwa"?

Jakże z tym dyskutować? Wyjaśniam Danielowi Passentowi: Seweryn Blumsztajn – skądinąd mój przyjaciel – zachowywał się zagranicą w sposób kłopotliwy dla rządu Jaruzelskiego. Nikt jednak nie udowodnił mu popełnienia przestępstwa. Jak może tedy Passent poważnie twierdzić, że uniemożliwienie powrotu do ojczyzny memu przyjacielowi jest aktem humanitaryzmu, a nie aktem bezprawia i ogłaszać w dodatku, że to „dla Polski lepsze"? Daniel Passent wielokrotnie powtarzał, że Jaruzelski wybrał „mniejsze zło". Teraz też zapewne uważa, iż banicja jest mniejszym złem niż egzekucja. Zapytać jednak wypada, co musiałby zrobić rząd Jaruzelskiego, by Passent go uznał za „większe zło"? Czy na przykład byłoby „większym złem" przyłączenie Polski do ZSRR, czy i wtedy Passent obwieściłby z łamów *Polityki*, że „może być gorzej"? Jak uzyskam odpowiedź na to pytanie, wyjaśnię Passentowi, dlaczego – wedle moich norm moralnych – pisać dzisiaj na łamach *Polityki* o „byłych doradcach byłej «Solidarności»" może tylko „były porządny człowiek".

Co zaś do postulatu samokrytyki, odpowiem najoględniej – czym innym jest stwierdzenie, że „są w ojczyźnie rachunki krzywd" w ustach skrzywdzonego, czym innym zaś te same słowa wypowiedziane przez człowieka, który swe pióro oddał na usługi krzywdzicieli. Innymi słowy – to, co piszę, nie jest próbą wyspowiadania się ani przed Bogiem, ani przed Ojczyzną; ani przed Passentem, ani też przed oficerami śledczymi, którzy ostatnio mnie do tego namawiali. Tym zastrzeżeniem chcę uniknąć smutnego losu Andrzeja Walickiego, którego artykuł Passent obficie cytuje, nie szczędząc komplementów. Co się tyczy wystąpienia Andrzeja Walickiego, skądinąd znakomitego specjalisty w przedmiocie rosyjskiej myśli społecznej i filozoficznej XIX wieku, to – ze względu na rozbrajającą ignorancję jego tekstu – polemikę z nim uważałbym za nierycerską.

Od samego początku istnienia „Solidarności" było dla mnie oczywiste, że utrzymanie formuły kompromisu gdańskiego jest warunkiem kontynuacji tego niezwykłego fenomenu samoorganizacji i upodmiotowienia społeczeństwa w obręczy totalitarnego systemu. Od samego też początku było dla mnie jasne, że aparat władzy uczyni wszystko, by nadać porozumieniom gdańskim taki kształt, który ubezwartościowi ich najistotniejsze treści. Nie wiązałem tego z konkretnymi ludźmi czy grupami w łonie aparatu, lecz z aparatem jako całością powiązaną w system interesów, nawyków i zależności. Kiepsko znając to środowisko, nie miałem jednak złudzeń, że do rządzenia demokratycznego społeczeństwem pluralistycznym aparat ten w ogóle nie jest przygotowany.

Finał strajków sierpniowych spędziłem wraz z liczną grupą kolegów w więzieniu mokotowskim. Wyswobodziło nas porozumienie gdańskie. Doskonale pamiętam te pierwsze chwile. Chwile wielkiej radości i uspokojenia. Coś się jakby skończyło i zwieńczyło. Od razu jednak radość zmąciły konflikty: opowiedziano mi o sporze, który miał miejsce podczas strajku, pomiędzy grupą warszawskich ekspertów a niektórymi osobami ze środowiska korowskiego. Opisał ten spór Tadeusz Kowalik, a ten opis wzbudził wiele goryczy u moich przyjaciół. Istotą sporu – jaki mi relacjonowali – był odmienny stosunek do więźniów politycznych. Korowcy stali na stanowisku, że uwolnienie więźniów winno być warunkiem zakończenia strajku; eksperci byli zdania, że podpisanie porozumienia załatwi tę sprawę niejako mechanicznie, zaś władzy, która poszła na tak spektakularny kompromis, nie należy dodatkowo rzucać na kolana. Ostatecznie zwyciężyło stanowisko korowców, wicepremier Jagielski zobowiązał się do uwolnienia uwięzionych – co też się stało.

Było to w poniedziałek, pierwszego września 1980 roku. Tejże nocy Jacek Kuroń zmylił inwigilujących go agentów Służby Bezpieczeństwa i pojechał do Gdańska. Jak mi to późnej relacjonowano, K.W. poinformował go tam ukradkiem, że przewodniczący komisji ekspertów, Tadeusz Mazowiecki, „chce przy MKZ zrobić swoją chadecję". Natychmiast później pobiegł do telefonu, by poinformować Mazowieckiego, że „Jacek Kuroń przyjechał do MKZ zrobić zamach stanu". Nie wykluczam wcale, że te poczynania chorobliwego inteligenta dolały oliwy do ognia. Nie one jednak spowodowały, że Tadeusz Mazowiecki – także Lech Bądkowski – odebrali obecność Kuronia w gdańskim MKZ jako zagrożenie dla młodego ruchu związkowego. Do tego stanowiska przekonali Lecha Wałęsę. Jednak inni przywódcy MKZ (Anna Walentynowicz, Alina Pieńkowska, Joanna i Andrzej Gwiazdowie, Andrzej Kołodziej, Bogdan Borusewicz) byli zdania, że Kuroń w Gdańsku jest potrzebny. Pozostał on tedy na formalnym statusie doradcy MKZ, ale sprawa ta zapoczątkowała długotrwały konflikt w kierownictwie Związku.

Dla mnie osobiście ten konflikt był wyjątkowo bolesny. Jacek Kuroń był moim przyjacielem. Od wielu lat byliśmy ze sobą tak blisko związani, że nie umiałbym określić, które z moich poglądów były od niego zapożyczone. Zawsze podziwiałem jego talent polityczny, odwagę osobistą i uczciwość. W chwili, gdy stawiano pod znakiem zapytania jego prawo do obecności w nowym ruchu związkowym, uważałem za swój obowiązek wystąpić w obronie Jacka.

Ale ekspertów też znałem osobiście. I bardzo wysoko ceniłem. Znałem Bronisława Geremka, znakomitego historyka-mediawistę z Instytutu Historii Polskiej Akademii Nauk. Ten mistrz konwersacji i negocjacji, człowiek bywały w świecie – później jeden z najbliższych doradców Lecha Wałęsy – miał dość typową biografię dla polskich intelektualistów lewicowej proweniencji. W młodości marksista-komunista, potem rewizjonista, po interwencji w Czechosłowacji w

1968 roku wystąpił z PZPR. Przed sierpniem 1980 roku należał do kierowniczych gremiów Towarzystwa Kursów Naukowych. Inna biografia była udziałem Andrzeja Wielowieyskiego, konsekwentnego w swej postawie sekretarza warszawskiego Klubu Inteligencji Katolickiej, autora licznych publikacji i przekładów, uczestnika Konwersatorium „Doświadczenie i Przyszłość". Tadeusz Kowalik, historyk myśli ekonomicznej, autor prac między innymi o Ludwiku Krzywickim, Róży Luksemburg i Oskarze Langem, miał doświadczenie polityczne podobne do Geremka. Dawny redaktor naczelny *Życia Gospodarczego*, członek PZPR (do 1968 roku), należał do organizatorów TKN, w którego ramach wygłosił cykl wykładów – opublikowanych w niezależnym obiegu – na temat historii gospodarczej pierwszych lat Polski Ludowej. Ściśle związany ze środowiskiem KIK-u był Bohdan Cywiński, młodszy od wcześniej wymienionych, autor znakomitych „Rodowodów niepokornych", były redaktor naczelny *Znaku*, uczestnik TKN. Był wśród ekspertów także Jan Strzelecki, socjolog, przyjaciel i ideolog młodzieży socjalistycznej podczas okupacji i po wojnie, twórca głośnej koncepcji humanizmu socjalistycznego i autor esejów otwierających myśl socjalistyczną na wartości chrześcijaństwa. Długoletni zwolennik „reformizmu wewnątrzpartyjnego", uczestnik DIP-u, niedługo przed Sierpniem usunięty z PZPR. Wreszcie Waldemar Kuczyński, mój starszy kolega z czasów uniwersyteckich, też były członek PZPR, usunięty z niej w 1966 roku za wystąpienie krytykujące ataki na Kościół i biorące w obronę uwięzionych Jacka Kuronia i Karola Modzelewskiego. Przed Sierpniem był współpracownikiem prasy niezależnej. Opublikował w tym czasie w obiegu niezależnym książkę „Po wielkim skoku", przenikliwą analizę krachu gierkowskiej polityki. Wszyscy ci ludzie byli sygnatariuszami apelu o porozumienie, który Mazowiecki i Geremek zawieźli do strajkującej stoczni. Ten moment zadecydował o ich kluczowej roli w „Solidarności.

Współpracę środowiska korowskiego z tym właśnie ludźmi uważałem za warunek konieczny skuteczności naszych poczynań, bowiem byli to ludzie mądrzy i otoczeni zasłużonym szacunkiem. Wywodzili się wszyscy z kręgów, które nie kryły swego przywiązania do wartości demokratycznych i krytycyzmu wobec polityki gierkowskiej ekipy w ostatnich latach. Dalecy jednak byli w swych poczynaniach od korowskiej determinacji i radykalizmu naszych poczynań. W epoce przedsierpniowej korowcy codziennie musieli być przygotowani na aresztowania, a może i na jeszcze gorsze rzeczy (napady bojówek, prowokacje etc.) Późniejsi eksperci w tym czasie funkcjonowali w obiegu oficjalnym lub w „szarej strefie" – tej rozciągającej się pomiędzy nożycami cenzora a wkroczeniem policji. Sygnowali listy protestacyjne, brali udział w pracach TKN, sporządzali wartościowe opracowania publikowane w niezależnym obiegu. Nie posuwali się dalej, na przykład do współpracy z działaczami Wolnych Związków Zawodowych z Gdańska. Różnice tkwiły przeto – w pewnej mierze – w odmiennych perspektywach środowiskowo-pokoleniowych. Powiadam, w pewnej mierze, bowiem czasem o przynależności środowiskowej decydował przypadek. Jan Józef Lipski mógłby być ekspertem, a Bohdan Cywiński czy Waldemar Kuczyński – korowcami. Jednak – zasadniczo rzecz biorąc – różnic szukać należy w sferze psychologii środowisk. Korowcy zdobywali dopiero rozgłos i polityczne ostrogi; eksperci chronili instytucje i wartości już istniejące. Upraszczając, rzec można tak – doświadczeniem politycznym korowców była walka aż do ostatecznego osobistego ryzyka; doświadczeniem politycznym ekspertów było układanie się z władzą dla ochrony zagrożonych wartości. Korowcy w swym działaniu spoglądali na działalność społeczeństwa, eksperci – na reakcję rządu. Dla korowców normą ładu komunistycznego była względnie liberalna epoka Gomułki i Gierka, dla ekspertów taką normą był stalinizm. Dlatego eksperci dostrzegali w poczynaniach KOR-u brak odpowiedzialności, a korowcy w działaniach ekspertów – ugodowość i brak wyobraźni. Obie strony miały ponadto pretensje o stosowanie nierzetelnych chwytów w polemice. I obie miały rację.

Przewodniczącym zespołu ekspertów był Tadeusz Mazowiecki. Znałem go od piętnastu lat. Znałem go jako naczelnego redaktora *Więzi*, który publikował moje artykuły. Ponieważ oficjalna prasa była dla mnie szczelnie zamknięta, miałem wyjątkowe powody do wdzięczności. Znałem go także osobiście. Rozmawiałem z nim często i długo, zwykle mając poczucie, że łatwo odnajdujemy wspólny język. Tadeusz Mazowiecki reprezentował w obrębie polskiego katolicyzmu tendencję szczególnie mi bliską: otwartą, światłą, pluralistyczną. Biografię polityczną miał interesującą. Jako młody człowiek, katolik o orientacji lewicowej, związał się z PAX-em i był wysoko ceniony przez Bolesława Piaseckiego. Bunt Mazowieckiego przeciw paxowskiemu naczalstwu był równoległy z buntem jego rówieśników z PZPR przeciw stalinowskiemu kierownictwu. W 1955 roku został z PAX-u usunięty. Polski Październik stworzył mu nową sytuację – jako katolik znany z poglądów zdecydowanie antystalinowskich, a zarazem lewicowych, stanął na czele miesięcznika *Więź*. To doskonałe pismo odegrało istotną rolę w mej biografii intelektualnej i zdecydowanie zmieniło mój stosunek do Kościoła katolickiego. Jednocześnie, będąc działaczem warszawskiego KIK-u, Mazowiecki został (w 1961 r.) posłem na Sejm. Pełnił tę funkcję przez trzy kadencje.

Zaskarbił sobie w tym czasie szacunek opinii publicznej bardzo klarowną postawą – zwłaszcza w epoce marca 1968 roku – i publikowaniem na łamach *Więzi* autorów zdecydowanie źle widzianych przez władze, między innymi ludzi usuniętych z PZPR i piętnowanych jako „rewizjonistów".

Był Tadeusz Mazowiecki typowym człowiekiem pogranicza. Pogranicza pomiędzy władzą a Kościołem, pomiędzy Kościołem a laicką inteligencją, pomiędzy sferą oficjalną a demokratyczną opozycją. Był człowiekiem, co pozwalało mu znajdować wspólny język z ludźmi różnych środowisk. Wszelako był Tadeusz – by tak rzec – klasycznym przykładem polityka gabinetowego. Umiał ważyć słowa, umiał milczeć i czekać. Obcy był mu korowski radykalizm nie tylko w wymiarze programowym, ale i jako pewien etos, sposób bycia i artykułowania politycznej obecności.

Z Jackiem Kuroniem niezbyt się lubili i chyba niezbyt dobrze rozumieli. Kuroń – ekspansywny i wielomówny, ryzykant i wizjoner – zupełnie nie był wrażliwy na osobowość Mazowieckiego; z szczerą zresztą wzajemnością. Obaj, będąc osobowościami silnymi i przywódczymi, nie umieli – i chyba niezbyt próbowali – znaleźć wspólny język, uznać wzajemnie swą wartość, a może i komplementarność.

Kuroń w swym dynamizmie bywał z pewnością nieuważny i niezręczny. Mazowiecki w swym zamknięciu bywał nazbyt prestiżowy i pamiętający każdą urazę. To stwarzało dodatkowe trudności. Sierpień 1980 roku był zdarzeniem, na które obaj czekali od lat. Tadeusz Mazowiecki, zdecydowanie najwybitniejsza osobowość polityczna środowiska „Znaku", nie widział już od lat miejsca dla siebie w Sejmie i innych instytucjach oficjalnego układu. Coraz bardziej angażował się więc w działania „szarej strefy". Był ważną osobistością w TKN, publikował w prasie zagranicznej i w obiegu nieoficjalnym.

Jacek Kuroń miał w kościach sześć lat więzienia i cztery lata korowskiej harówki, które pochłonęły całe jego życie i wyniosły do statusu persony politycznej szeroko znanej w kraju i w świecie. To on, architekt korowskiej strategii, był najgłośniejszym ze wszystkich opozycjonistów w Polsce. Był niewątpliwym liderem KOR-u. Świetny orator, długoletni więzień polityczny opromieniony legendą – Mazowiecki nie mógł się z nim równać w popularności. Ale Mazowiecki dysponował atutami, o których Kuroń nie mógł marzyć. Miał przetarte drogi do Prymasa Polski i był do zaakceptowania – choć niechętnie – dla posierpniowego kierownictwa PZPR. Był też do zaakceptowania przez Lecha Wałęsę, któremu w niczym nie zagrażał, nie aspirując do roli przywódcy mas, podczas gdy Kuroń do takiej roli niewątpliwie aspirował.

Nie twierdzę, że – żądając od Kuronia rezygnacji z prac w gdańskim MKZ – Mazowiecki kierował się chęcią usunięcia silniejszego konkurenta. Tadeusz Mazowiecki nie jest człowiekiem uczuć niskich. Nie mam tedy wątpliwości, że formułując swoje żądania głęboko wierzył, że Kuroń – ze swym radykalizmem i radykalnym wizerunkiem, wywołującym wściekłość sowieckiej prasy – stanowi śmiertelne zagrożenie dla „Solidarności". Wierzył tedy, że o ile obecność Kuronia wśród doradców związkowego kierownictwa przynieść może tylko szkody, to jego obecność w tych gremiach będzie pożyteczna.

Jednak w życiu publicznym nasze zachowania oceniane są niezależnie od naszych intencji. W tym stanowisku widziano element gry personalno-środowiskowej. Ludzie życzliwi Mazowieckiemu i innym ekspertom nie kryli swej opinii, że Kuroń jest awanturnikiem o niepohamowanych ambicjach, nieodpowiedzialnym szaleńcem etc. Solidarni z Kuroniem korowcy też nie kryli swej opinii o ekspertach, którym zarzucano brzydki zamysł pozbycia się ludzi, którzy przez lata pracowali na rzecz utworzenia niezależnych związków zawodowych.

Myślę dziś o tych personalnych kwestiach z wielkim smutkiem. Wydarzenia, przez swą gwałtowność i wymiar, przerosły nas wszystkich. Być może tak właśnie być musiało, wszelako wszyscy dołożyliśmy do tej konieczności obiektywnej własną cegiełkę emocji i zacietrzewienia.

Za konfliktem personalnym kryły się oczywiście różnice punktów widzenia. Miałem wrażenie, że Tadeusz Mazowiecki i inni eksperci traktowali porozumienie gdańskie jako finał procesu zmian. Dla Jacka Kuronia – i dla mnie – było oczywiste, że gdańska ugoda zmiany zapoczątkowała. W stanowisku ekspertów uderzał mnie charakterystyczny brak jakiejś docelowej wizji przeobrażeń. Nigdy – powtarzając swe wezwania do umiaru – nie sformułowali oni swojego programu perspektywicznego; nie określili, do czego „Solidarność" winna dążyć i gdzie samoograniczać swe aspiracje. Kuroń czynił to nieustannie, narażając się na ciągłe krytyki, w tym także ekspertów.

Bowiem – tu chyba tkwiło sedno ówczesnej kontrowersji – powtórzyć wypada, że ci ludzie, pochodzący z innego układu, znaleźli się w sytuacji całkowicie niekonwencjonalnej. Musieli błyskawicznie poddać rewizji wszystkie swoje wyobrażenia o świecie komunizmu i swoim w nim miejscu. Nowy związek powstał jako wyraz dążeń strajkujących robotników i całego niemal narodu, ale stanowił – często nieuświadomioną – realizację korowskiej wizji antytotalitarnych przeobrażeń. Ekspertom była ta wizja – przed Sierpniem – obca.

33

Mogli jej sprzyjać z pozycji sympatyków lub życzliwych obserwatorów, mogli ją fragmentami współtworzyć, ale nie byli w niej „zadomowieni". Nie mieli tedy żadnej wizji podmiotowego społeczeństwa w totalitarnym państwie i żadnego wyobrażenia o mechanizmach upodmiotowienia. A jednak byli to ludzie „Solidarności" niezbędni. Właśnie dlatego, że wywodzili się z oficjalnego układu i byli akceptowalni dla władz. Spokojniejsi, nawykli do gabinetowych układów – mogli i umieli prowadzić rozmowy z rządem. Mieszcząc się w konwencjach, mogli być uznani za partnerów. Kuroń i inni korowcy – ucieleśnienie mocy diabelskich dla aparatu – nie mogliby w tej roli wystąpić. I chyba by nie umieli.

Zrodziło to w środowisku korowskim poczucie krzywdy niezawinionej. Korowcy uważali w jakimś sensie nowy ruch związkowy za swoje dziecko. Poczuwali się do ojcowskiej dumy i oczekiwali słowa uznania za swój trud. Było to ludzkie. Jednak przywódcy sierpniowych strajków z różnych miast i ich doradcy nie zawsze mieli ochotę przyznawać się do powinowactwa z bliżej im nie znaną instytucją, która była obiektem ataków oficjalnej propagandy. To także było ludzkie. Nie od razu jednak było to zrozumiałe. Bowiem oto korowcy poczuli się kłopotliwymi krewnymi, których lepiej nie wpuszczać na salony. W chwili – zdawałoby się – najwspanialszego sukcesu – spotykał ich zawód. Atakowała ich prasa reżimu, godziła w nich stugębna plotka. Jedni powiadali, że dla korowców nie ma miejsca w „Solidarności", bo są oni mafią dążącą do zawładnięcia Związkiem, a potem całym krajem. Nie wierzono w to jednak; wszyscy wiedzieli, że to nieprawda, wyłączywszy tych, którzy powtarzali to, i tych, którzy słuchali, gdy to było powtarzane. Inni żałowali korowców radując się wewnętrznie, jak to czasem żałuje się tych, których wreszcie udało się zmusić, żeby uczynili to, czego od nich żądano. Smakując swój żal, korowcy nie umieli – także ja nie umiałem – dostrzec w tym mechanizmu właściwego gwałtownym zwrotom nastrojów i nagłej aktywizacji wielkich mas ludzkich. Rozumieli, że „zasługa kończy się, gdy zaczyna służyć do osłaniania złej sprawy" (Maria Dąbrowska), ale nie umieli w porę zrozumieć specyfiki momentu, w którym zasługa w ogóle przestaje się liczyć stając się skazą, zaś liczy się tylko dzień dzisiejszy i przyszłość. Wykształcone w epoce korowskiej reguły lojalności nie były użyteczne w wielomilionowym ruchu, stawały się przeszkodą w rozumieniu zasad politycznej i personalnej rywalizacji. Nie pamiętali wreszcie, że każda instytucja, wyłoniona przez zwycięski ruch, z natury swej rozdarta jest konfliktem pomiędzy legitymacją zasługi a legitymacją kompetencji. Stąd brała się korowska skłonność do podejrzliwego przyjmowania wszystkich głosów krytycznych i niechęć do ekspertów, których wydarzenia wyniosły do ról pierwszoplanowych.

Realizm polityczny Tadeusza Mazowieckiego zasadzał się na przekonaniu, że po zwycięstwie sierpniowym należy unikać zadrażnień z aparatem władzy, szukać w każdej sprawie rozwiązań kompromisowych, miarkować postulaty. W imię tego rozumowania sprzeciwiał się obecności korowców w „Solidarności".

Jacek Kuroń to właśnie rozumowanie uważał za całkowicie pozbawione znamion realizmu. Uważał ataki propagandowe na korowców za poczynania o charakterze zastępczym. Ich celem było uzyskanie faktycznego wpływu na politykę personalną w „Solidarności". „Odstrzelonych" korowców zastąpią inni niewygodni dla władzy działacze związku, rzecz bowiem tkwi nie w personaliach, a w mechanizmach społecznych. Był tedy Kuroń zdania, że porozumienie sierpniowe należy uznać za krok wstępny do reformy strukturalnej systemu. Porównywał sytuację do sieci kolejowej, gdzie jeden pociąg – „Solidarność" – kursuje poza rozkładem jazdy. Twierdził przeto, że albo zmieniony zostanie rozkład jazdy, albo katastrofa będzie nieuchronnością. Dążenie do zmian, a nie wezwanie do umiaru, były tedy remedium na postępującą radykalizację nastrojów, na lokalne strajki i konflikty z aparatem władzy. Wszelako w sprawie zasadniczej Kuroń i Mazowiecki byli zgodni: obaj uważali, że należy respektować realia międzynarodowe (stosunki z ZSRR) i wewnętrzne (władza partii komunistycznej). Z tym przekonaniem polemizowali ludzie deklarujący się jako zwolennicy KPN, bądź też – jak to określano na zjeździe – jako „fundamentaliści". Ci byli zdania, że porozumienia sierpniowe daleko już wykroczyły poza granice sowieckiej tolerancji. Brak wojskowej interwencji uznawali za równoznaczny z końcem sowieckiego władania w Polsce. Powtarzali – trzeba gotować się do konfliktu, którego przedmiotem będzie władza. Był to znak czasu.

W pierwszym okresie „Solidarności" zdecydowanie przeważały nastroje umiarkowania. Każda wzmianka o sowieckich czołgach – a był to argument często używany w związkowych dyskusjach – wzbudzała lęk. Jednak z czasem groźba ta – natrętnie powtarzana przez oficjalną propagandę – przestawała funkcjonować. Powszechne początkowo poparcie dla linii umiarkowanej, symbolizowanej nazwiskiem Lecha Wałęsy, zaczynało być problematyczne, choć była to linia konsekwentnie popierana przez Episkopat i elity intelektualne. Środowiskom robotniczym przestawała ona z wolna wystarczać.

Problemem zwrotnym stały się wydarzenia bydgoskie. Polaryzacja, która wtedy nastąpiła, zadecydowała w znacznym stopniu o późniejszych podziałach. Ówcześni krytycy Lecha Wałęsy ostrze swego

35

ataku skierowali przeciw ekspertom. Istota sporu dotyczyła dwóch spraw: treści warszawskiego kompromisu i sposobu, w jaki został zawarty. Co do treści – krytycy uznali, że podstawowe żądania Związku nie zostały zaspokojone; co do formy – oskarżano Wałęsę i ekspertów o złamanie związkowej demokracji.

Wałęsa i eksperci uzasadniali swą decyzję pozastatutowego odwołania strajku generalnego ryzykiem konfrontacji. Ich krytycy – ustami zwłaszcza Karola Modzelewskiego, jednego z najwybitniejszych związkowych przywódców – odpowiadali, że jedyną szansą na długotrwały kompromis pomiędzy władzą a społeczeństwem jest podjęcie ryzyka konfliktu związanego z potrzebą eliminacji z kierownictwa partyjno-państwowego „betonu", który zawsze i za wszelką cenę będzie parł do konfrontacji i zniszczenia Związku. Oba stanowiska cieszyły się szerokim poparciem związkowców, których ten spór zdecydowanie podzielił. Różnice zdań trafiały na obrady KKP, a ich wyrazem były demonstracyjne rezygnacje Karola Modzelewskiego ze stanowiska rzecznika prasowego KKP i Andrzeja Gwiazdy z funkcji wiceprzewodniczącego Związku.

Jakie było moje stanowisko w tym sporze?

W pierwszych tygodniach po Sierpniu trzymałem się z daleka od „Solidarności". Znając dokładnie przebieg konfliktu wokół obecności w Związku Jacka Kuronia, nie chciałem swoją osobą dolewać oliwy do ognia. Widząc dziesiątki świeżo nawróconych i spieszących do Wałęsy z wyrazami czci entuzjastów niezależnego ruchu robotniczego, nie bardzo miałem ochotę uczestniczyć w tym wyścigu. Nie byłem działaczem związkowym; także w KOR-ze nie zajmowałem się sprawami robotniczymi. Traktując za normalne, że działają w „Solidarności" Jacek Kuroń i Bogdan Borusewicz, Henryk Wujec i Jan Lityński, Zofia i Zbigniew Romaszewscy, swoją własną nagłą aktywizację w Związku uważałbym za koniunkturalizm. Wreszcie dobrze pamiętałem o słowach mego ojca: możesz być pierwszy, kiedy dają wyroki; masz być ostatni, kiedy dają posady. W „Solidarności" rozdawano posady...

Dla partyjnej propagandy nie miało to zresztą żadnego znaczenia, bo atakowano mnie tak zajadle, jakbym z gabinetu Wałęsy nigdy nie wychodził. Tymczasem trafiłem do „Solidarności" dopiero po aresztowaniu Narożniaka, kiedy to do MKZ ściągnęli mnie Zbigniew Bujak i Henryk Wujec. Była to dla mnie – psychologicznie rzecz biorąc – sytuacja nowa: przychodziłem do Związku w chwili zagrożenia, a nie w momencie jego tryumfu.

Nie są to sprawy ważne, a może i nie są wcale ciekawe. Jeśli o nich wspominam, to dla zobrazowania pewnej ambiwalencji towarzyszącej memu zaangażowaniu się w „Solidarność". Nie chciałem przeto występować w tej roli i później, gdy już towarzyszyło jej nie ryzyko, a awanse, prestiże i apanaże. Dopiero, gdy nad Związkiem zawisło niebezpieczeństwo, uznałem, że aktywny akces jest moim obowiązkiem. Mam sobie tedy za złe decyzję kandydowania na delegata. Jacek Kuroń miał rację, gdy mówił, że jedyny błąd, jaki w tej sprawie popełniłem, to ten, że się w nią wdałem... Mój sposób rozumowania był w tym okresie bardzo bliski poglądom Kuronia. Jak i on, byłem zdania, że strategia Związku winna być nakierowana na szeroką reformę, która będzie respektować interes Związku Radzieckiego i władzę partii komunistycznej. Zastanawiając się nad granicami sowieckiej tolerancji i analizując okoliczności poprzednich interwencji (Węgry, Czechosłowacja), wypowiadałem opinię, iż Kreml interweniuje zbrojnie wtedy, kiedy tempo i zakres zmian dyktuje zrewoltowana ulica oraz kiedy rządząca partia komunistyczna wymyka się spod ich kontroli. Dlatego przeciwny byłem ulicznym manifestacjom, eksponowaniu haseł antysowieckich, strajkom branżowym z żądaniami podwyżki płac czy regionalnym z żądaniami rozliczenia miejscowych prominentów. Uważałem, że działania takie osłabiają Związek, wzmagają napięcia i odwołują na dalszy plan sprawę strukturalnych reform. Byłem też nader sceptyczny wobec postulatów demokratyzacji PZPR, co zresztą stało się przedmiotem – dość paradoksalnie – publicznych dyskusji toczonych z działaczami tak zwanych struktur poziomych.

Tej dość umiarkowanej – jak mniemam – linii towarzyszyły wszakże dwa istotne zastrzeżenia. Pierwsze z nich dotyczyło sfery języka publicznych wypowiedzi. Formułowałem pogląd, że „Solidarność" powinna stanowczo odrzucić nowomowę aparatu władzy i nazywać rzeczy po imieniu. Nie należało przeto godzić się na używanie ideologicznych formuł, które stwarzały ludziom aparatu możliwość fałszerskiej interpretacji. Do takich formuł zaliczałem zwrot o „kierowniczej roli partii". Nigdy w historii komuniści nie sprecyzowali tego punktu swej doktryny i nie określili jego empirycznego sensu. Dlatego – powiadam – „Solidarność" winna zadeklarować, iż aprobuje fakt władzy partii komunistycznej, zaś formy i granice tej władzy muszą stać się przedmiotem publicznej debaty o reformie systemu. Drugie zaś zastrzeżenie brzmiało: w obronie swego bezpieczeństwa i swej niezależności Związek musi być gotów do sięgnięcia po środki ostateczne. Należy uświadomić aparatowi rozmiar ceny, którą przyjdzie mu zapłacić za próbę likwidacji Związku.

Wychodząc z tych założeń, oceniałem kryzys bydgoski dokładnie tak samo, jak Karol Modzelewski. Uważałem, że kompromis warszawski jest w swej istocie porażką kompromisowej linii kierownictwa związkowego, które niewiele uzyskawszy ugięło się przed szantażem interwencji i przyjęło warunki aparatu. Konsekwencją tego musi być – sądziłem wówczas – wzrost nastrojów radykalnych w „Solidarności", a zarazem utwierdzenie ludzi aparatu w przekonaniu, że kuluarowymi rozmowami z Wałęsą i ekspertami są w stanie wszystko załatwić. Nieprzypadkowo jednym z następstw tego kompromisu były żądania personalnych zmian w Związku formułowane pod adresem Wałęsy przez ludzi aparatu.

Ogromną wadą porozumienia warszawskiego było – tak uważałem – pozostawienie otwartymi wszystkich spraw „konfliktogennych" (np. rejestracja „Solidarności" Rolników Indywidualnych, sprawa więźniów politycznych etc.). Tak myślałem wówczas. A dzisiaj? Dziś te argumenty są znacznie mniej przekonywające. Poważna część postulatów została wnet zrealizowana, co czyni tę warstwę krytyki bezprzedmiotową. Również obawy o złowrogi rozwój form kuluarowych kontaktów z rządem okazały się nieuzasadnione, a podejrzenia towarzyszące działaniom ekspertów – krzywdzące. Jeśli zaś przyjąć, że konflikt grudniowy był nieuchronny, to te dodatkowe osiem miesięcy wolności było bezcennym darem. Odegrały one w historii „Solidarności" rolę przełomową. W tym czasie przecież odbyły się wybory do regionalnych i krajowych władz Związku, pierwsze wolne i demokratyczne wybory w historii Polskiej Rzeczypospolitej Ludowej. W tym czasie odbył się zjazd „Solidarności", na którym sformułowano program „Samorządnej Rzeczypospolitej". W tym czasie odbył się – co także warto przypomnieć – nadzwyczajny zjazd PZPR, gdzie wypowiedziano wiele słów i myśli mogących mieć znaczenie w przyszłości. W tym czasie – wreszcie – rozluźniła się pętla cenzora, wyartykułowano podstawowe potrzeby i postulaty, punkty widzenia i zagrożenia, zaś „Solidarność" okrzepła i zdobyła historyczną samowiedzę. Jest tedy niewykluczone, że obecny opór „Solidarności" zepchniętej do podziemia jest również niezamierzonym efektem ówczesnego kompromisu.

Nadal sądzę wszakże, że racje spierających się stron były podzielone. Zwłaszcza, gdy konflikt tyczył funkcjonowania wewnątrzzwiązkowej demokracji. Spór o ocenę taktyki „Solidarności" w okresie kryzysu bydgoskiego jawi mi się dziś jako historycznie ciekawy, choć politycznie zupełnie jałowy. Bardziej interesujący – przy sporządzaniu rachunku naszych pomyłek i słabości – byłby dla mnie opis mechanizmu penetracji Związku przez agentów Służby Bezpieczeństwa, obraz konstytuowania się w obrębie „Solidarności" ruchu o formule nacjonalistyczno-populistycznej i proces przenikania doń haseł bliskich demagogii ZP „Grunwald". Godną uwagi byłaby też analiza wzmagającej się podatności mas związkowców na kult wodza i towarzyszący jej wzrost postaw antypluralistycznych. Proces eliminacji z władz „Solidarności" takich osób, jak Anna Walentynowicz, Andrzej Gwiazda czy Bogdan Borusewicz — by poprzestać na nazwiskach znanych całej Polsce — oraz zastosowane przy tym metody winny być poddane szczególnie bacznej analizie. Tkwić w niej może wielka nauka także na przyszłość. Całkowicie zgadzam się w tej materii z opiniami Bogdana Borusewicza pomieszczonymi w „Konspirze", tak jak byłem w pełni solidarny z Konradem Bielińskim, gdy — w listopadzie 1981 roku — składał w obliczu brudnych ataków rezygnację z kierowania pismem związkowym.

Powyższe stwierdzenia nie oznaczają wszakże, iżbym skłonny był bronić wszystkie swoje ówczesne opinie. Będąc blisko związany z „gwiazdozbiorem" — tą nazwą określano krąg Andrzeja Gwiazdy — należałem do zdecydowanych krytyków Lecha Wałęsy. Byłem zdania, że Wałęsa świadomie dąży do ustanowienia osobistej dyktatury, do zbudowania „sułtańskiego" modelu władzy w Związku, co wiedzie do „dworskiego" podejmowania podstawowych decyzji. Uważałem ten proces za stopniowe uśmiercanie związkowej demokracji i starałem się temu zdecydowanie przeciwstawić. Jednocześnie obawiałem się, że Wałęsa skłonny jest szukać porozumienia z rządem kosztem „oczyszczenia" Związku ze swych antagonistów. Uważałbym to za zdradę „Solidarności". Zdawałem sobie sprawę ze znaczenia Lecha. Eksponując swoją osobę, Wałęsa zaspokajał powszechną potrzebę istnienia charyzmatycznego przywódcy, który wszystko wie, wszystko rozumie i poprowadzi Związek do zwycięstwa. Konsekwencją była rezygnacja dużej części działaczy z samodzielnego rozumowania i politycznej odpowiedzialności. W tym stanie rzeczy kapitulacja charyzmatycznego przywódcy byłaby tożsama z kapitulacją Związku. Nawet w momentach krytyki linii umiarkowanej Wałęsa był akceptowany przez masy. O ugodowość oskarżano Geremka i Kuronia, Mazowieckiego i korowców — Wałęsa był poza masową krytyką. Potrafił wymodelować się na przywódcę akceptowanego przez miliony. Czasem zachowywał się jak wielki przywódca narodu (powtórzenie przysięgi Kościuszki w Krakowie), czasem wcielał się w rolę zwykłego robotnika, równego między równymi, odrzucającego dostojeństwo na rzecz bezpośredniości i humoru. Miał wspaniały, prosty i jędrny, język i znakomitą intuicję. Wyczuwał bezbłędnie nastrój otaczającego go tłumu i potrafił mówić to, czego od niego oczekiwano. Polacy wyczuwali, że ich przywódca był „jednym z nich", ale zarazem był ucieleśnieniem wymarzonego sukcesu. Była w nim wielkość.

Bałem się Wałęsy. Bałem się jego umiejętności żonglowania słowem i zręczności w eliminowaniu oponentów. Bałem się jego kompromisów i jego urzeczenia rozmowami z rządem. Bałem się jego podatności na spiskowo-mafijną interpretację świata i jego otoczenia, w którym widziałem wielu ludzi marnych i przypadkowych. Bałem się jego lęku przed wybitnymi osobowościami i jego ciągłego powtarzania: „«Solidarność» – to ja!" Wypada mi przeto otwarcie przyznać, że pomyliłem się w globalnej ocenie Lecha Wałęsy. Przewodniczący NSZZ „Solidarność" okazał się godnym swojej roli. Pomijając poszczególne potknięcia, Lech Wałęsa swą postawą i konsekwencją ocalił ciągłość „Solidarności". Wracając do pracy w stoczni, spotykając się z TKK, komentując zdarzenia życia publicznego – stał się widomym symbolem polskiego oporu, latarnią morską, która z Gdańska daje całej Polsce kolejne sygnały wiary i nadziei. Łącząc upór z umiarem uzyskał Lech nagrodę Nobla i status powszechnie uznanego autorytetu, czego dowiodła reakcja ludzi po jego przemówieniu nad trumną ks. Jerzego Popiełuszki.

Jest dziś Wałęsa bez wątpienia symbolem „Solidarności", choć nie ma żadnej faktycznej władzy, nie dysponuje aparatem wykonawczym, nie rozdaje posad w zarządzie regionu. Dziś Lech nikomu nie jest w stanie uniemożliwić działań, które uważane są za słuszne. Dlatego dziś frontalne ataki na Wałęsę mają zupełnie inny sens niż przed 13 grudnia. Dziś nie jest to element walki o demokrację w Związku, lecz – niezależnie od intencji – pozbawienie „Solidarności" jej symbolu i autorytetu. Byłoby przeto dzisiaj pożałowania godnym, aby miast szukać porozumienia i pól zgody, kontynuować przedgrudniowe polemiki, z ich bagażem pełnym urazów i goryczy...

Wałęsa – myślę – był i jest wyrazem niekonfrontacyjnego charakteru Związku z jednej strony, z drugiej zaś – artykulacją jego żywiołowości, spontaniczności, autentyzmu. Można też rzec – antydoktrynerskości, ale także – bezprogramowości. Warto widzieć towarzyszące temu zagrożenie. Bowiem brak jasno wyartykułowanych programów sprzyjał – i jeszcze nieraz będzie sprzyjał – radykalizacji postaw. Na jesieni 1981 roku popularność Wałęsy zaczęła gwałtownie spadać, czego dowiodły wyniki wyborów na przewodniczącego Związku. Przegrywała umiarkowana linia ekspertów, co udowodniła porażka Bronisława Geremka i Ryszarda Bugaja w wyborach do władz związkowych. Popularność rozwiązań proponowanych przez korowców gwałtownie malała – uchodziły za zbyt umiarkowane. Wiatr w żagle brały inne idee i inni ludzie. Dochodził do głosu typ działaczy, których na swój własny użytek nazwałem formacją „nowych radykałów". Kim byli „nowi radykałowie"? By to objaśnić, wypadnie powrócić do opisywanych już konfliktów.

Spór ekspertów z korowcami miał swoje zakorzenienie historyczne: wywodził się z przedsierpniowych zróżnicowań. Podobne korzenie miał spór Wałęsy z „gwiazdozbiorem", który składał się w znacznej mierze z działaczy przedsierpniowych Wolnych Związków Zawodowych. Był to konflikt dwóch etosów, sposobów rozumowania i pojmowania roli „Solidarności" w polskim życiu publicznym. W konflikcie tym – jak już pisałem – zajmowałem stanowisko popierające zdecydowanie Andrzeja Gwiazdę. Z jego krytycznymi uwagami pod adresem Wałęsy byłem całkowicie solidarny. Ich polemika była nieraz opisywana jako konflikt pragmatycznego Wałęsy z radykalnym Gwiazdą. Myślę, że ocena taka jest tylko częściowo słuszna.

Andrzej Gwiazda istotnie był daleko bardziej radykalny od Wałęsy, ale były to zróżnicowania w ramach pola zakreślonego przez porozumienia sierpniowe. Również i Gwiazda opowiadał się za kompromisem, jednak drogę Wałęsy uważał za nieskuteczną i wiodącą ku porażce. Istotą konfliktu była jednak sprawa demokracji wewnątrzzwiązkowej. Gwiazda był jej twardym obrońcą, ostro krytykującym metody i maniery Wałęsy, bliższe obyczajowości feudalnego monarchy czy współczesnego guru niż sposobowi bycia demokratycznie wybranego przywódcy demokratycznego związku. Krytykował również antykorowskie wypowiedzi Lecha widząc w nich szkodliwe ustępstwo w obliczu demagogii oficjalnej propagandy i wyrzekanie się historycznej tożsamości Związku. Tak też traktował eliminowanie z władz Związku działaczy Wolnych Związków Zawodowych. Ze swą prostolinijną uczciwością i zwykłą ludzką lojalnością był dla mnie Gwiazda najlepszym wcieleniem korowskiego etosu. Ale czas tego etosu już przemijał.

Bowiem inni byli ci „nowi radykałowie". Ich tożsamość brała swój początek z sierpniowych strajków. Dalej wstecz woleli swą pamięcią nie sięgać. Ludzi o wcześniejszej genealogii przeto – czy byli to korowcy, czy eksperci – traktowali po prostu jako niewygodnych konkurentów. Ich świadomość polityczna została uformowana przez serię spektakularnych zwycięstw nad aparatem władzy; nic więc dziwnego, że porozumienie warszawskie uznali za klęskę. Żądali rozwiązań stanowczych, działań radykalnych. Tu pozornie spotykali się z Gwiazdą. Więcej ich jednak od niego dzieliło niż łączyło. Bowiem odpowiadał im bardzo wzór działacza związkowego uformowany przez Wałęsę. Świetnie czuli się w tym języku swojskim i ogólnikowym, gdzie każdy problem można było przeciągnąć zręcznym żartem. Imponowała im umiejętność budowania własnej popularności, fascynowała ich legenda. Zazdrościli Lechowi, a każdy z nich chciał być kopią Wałęsy w swoim regionie. Lech Wałęsa, choć tak umiarkowany, był im duchowo znacznie bliższy od Andrzeja Gwiazdy.

Ich radykalizm nie był wyrazem stanowisk przemyślanych, uwzględniających realia i limity polskiej sytuacji. Od realiów był

Wałęsa i był Kuroń – oni byli od podgrzewania atmosfery. Dlatego z ich punktu widzenia nie było właściwie żadnej różnicy między ekspertami a korowcami, pomiędzy Mazowieckim a Kuroniem, Gwiazdą a Geremkiem. Wałęsa był ich zdaniem nazbyt miękki głównie z winy ekspertów, których wpływom ponoć bezwolnie się poddawał. Oni zaś widzieli już władzę leżącą na ulicy. Czuli się jednak zbyt słabi, by się po nią schylić. Miał to za nich zrobić Wałęsa. Brak doświadczenia podsuwał im wizje coraz bardziej niezwykłe, z którymi trudno było jednak polemizować w kategoriach wiedzy i zdrowego rozsądku, bowiem właśnie wiedzę uważali za skompromitowany zbiór frazesów epoki minionej, zaś w zdrowym rozsądku widzieli artykulację inteligenckiego strachu.

Cechą opisywanych tu postaw była niestabilność, buńczucznym deklaracjom, zrodzonym z braku doświadczenia i upojenia sukcesem, towarzyszył strach i niepewność. Nieprzejednanie „nowych radykałów" miało charakter sytuacyjny, takiż charakter miały ich programowe wypowiedzi. Ukształtowani umysłowo przez polską codzienność lat siedemdziesiątych, formułowali swoje opinie w języku będącym dziwaczną mieszaniną słów i pojęć pochodzących z oficjalnych przemówień i kościelnych kazań, z audycji „jedynki" i z audycji Wolnej Europy. Dlatego też najpewniej czuli się wśród patriotycznych zaklęć, twardych żądań rozliczeniowych i płacowych, wśród postulatów egalitarnych i deklaracji antysowieckich. Słowem, „nowi radykałowie" chętnie i z przekonaniem mówili to, co korespondowało z utajonymi emocjami i uzyskiwało poklask tłumów. Byli efektem młodości ruchu i świadectwem jego słabości.

Nie demonizuję ich znaczenia. Nie stanowili jednolitej formacji ani zorganizowanej frakcji. Nie oni wyznaczali politykę „Solidarności". Jednak mieli wpływ na nastroje. Wolni od historycznej wiedzy i politycznej kultury, chętnie dawali ucha spiskowo-mafijnym interpretacjom świata. Tą drogą wchodziła do Związku policyjna głupota. Wraz z pustoszejącymi półkami i porażkami polityki kompromisu, wraz z nasilającymi się prowokacjami ze strony aparatu władzy i postępującą determinacją robotniczych załóg – „nowi radykałowie" rośli w siłę. To oni z entuzjazmem komentowali wypowiedzi jednego z przywódców Związku na temat Żydów ukrytych w rządzie pod zmienionymi nazwiskami i to oni z zachwytem oklaskiwali antysowiecką deklarację jednego z kandydatów na przewodniczącego Związku w hali „Olivii". Wyniki tych wyborów także skażone były znakiem czasu: to nie Gwiazda, choć radykał, uzyskał drugą ilość głosów po Wałęsie...

„Nowi radykałowie" – myślę – byli typowym produktem gwałtownej aktywizacji wielkich, dotąd zdepolityzowanych, mas ludzkich. Ich inicjacją w wielką historię były zdarzenia, w których cudze doświadczenia wydawały się nieprzydatne, a to, co zwykle niemożliwe, okazywało się możliwym. Możliwe więc stawały się w tym rozumowaniu nie tylko usunięcie PZPR z zakładów pracy, ale i demokratyczne wybory do Sejmu, wraz z towarzyszącymi im konsekwencjami. Nie podzielałem nastrojów i opinii „nowych radykałów". Wciąż uważałem, że trzeba poszukiwać rozwiązań kompromisowych. Bliskie były mi idee dwuizbowego parlamentu, choć dostrzegałem, że szansa na porozumienie oparte na instytucjonalnej reformie z biegiem dni malała.

Jacek Kuroń był bardziej konsekwentny. Od lata 1981 roku lansował ideę „wielkiego porozumienia" zbudowanego na koalicyjnym rządzie popieranym przez władzę, Kościół i „Solidarność". Byłem tym pomysłom zdecydowanie przeciwny, co wielokrotnie publicznie deklarowałem. Sądziłem, że powtórzyć się może sytuacja sprzed 35 lat z wejściem do rządu PSL i Mikołajczyka. Taki wspólny rząd – mniemałem – pozwoliłby komunistom podzielić się nie władzą, lecz odpowiedzialnością za jej robotnicze poczynania (podwyżki, działania represyjne etc.) i w ten sposób doprowadzić do rozłamu w „Solidarności", a z czasem do zniszczenia Związku techniką „salami" (po cienkim plasterku).

Kuroń odwracał to rozumowanie. Posługiwał się przykładem RFN, gdzie wielka koalicja „czerwono-czarna" utorowała SPD drogę do władzy. Twierdził też, że ów rząd, złożony z fachowców, będzie zmuszony w określonym czasie (kilku bądź kilkunastu miesięcy) rozpisać wybory do Sejmu.

Uważałem te plany za całkowicie nierealistyczne. Nie sądziłem, by aparat zrezygnował z obrony swej władzy. Wierzyłem też zapewnieniom sowieckich przywódców, że nie opuszczą polskich towarzyszy w potrzebie. Wszelako nie umiałem koncepcjom Jacka Kuronia przeciwstawić żadnych własnych, bardziej realistycznych pomysłów. Nie tylko zresztą ja – nad wszystkimi stanowiskami z ostatnich tygodni 1981 roku unosiły się nadzieje, które dziś mogą tylko zadziwić.

W listopadzie 1981 roku prof. Janusz Reykowski, jeden z bardziej wnikliwych krytyków „Solidarności", tak oto rekonstruował funkcjonujący w Związku scenariusz nadchodzących zdarzeń:

„Oto dochodzi do masowego wystąpienia społeczeństwa. Siły przeciwnika (rządowe) idą w rozsypkę. Spośród działaczy i ekspertów szybko formuje się nowy rząd, cieszący się powszechnym poparciem społeczeństwa. Nowy rząd osiąga porozumienie z sąsiadami, którzy zdają sobie sprawę, że przemocą niczego z Polakami wygrać się nie da i we własnym dobrze

43

rozumianym politycznym i gospodarczym interesie uzgadniają zadowalający wszystkich *modus vivendi*. Tymczasem Zachód ucieszony zwycięstwem prawdziwej demokracji w Polsce, godzi się prolongować długi (bo teraz wierzy, że będą mu spłacone), ale także spieszy z wielkoduszną pomocą, aby wesprzeć Polaków, którzy realizują ideał wolności. Cały zaś naród, mając pełne zaufanie do nowego rządu, pełen uniesienia z okazji osiągniętego zwycięstwa, gotów jest ponieść niezbędne ofiary, a zarazem stanąć do wytężonej i efektywnej pracy. Kryzys zostaje więc pokonany w przeciągu krótkiego czasu, a Polska rusza na drogę szybkiego rozwoju stając się przykładem dla innych narodów z bliższej i dalszej okolicy".

Każdy z nas gotów jest podać dziesiątki przykładów dowodzących, że powyższa brednia jest wymysłem Reykowskiego. Dość sięgnąć do wypowiedzi z Komisji Krajowej czy przekartkować prasę związkową. Istotnie, nikt z przywódców „Solidarności" w takie bajki nie wierzył. Jednak strzępy tych wiar i przekonań mógłbym bez trudu odnaleźć wśród głosów „nowych radykałów". Bezwyjściowość rodziła myślenie życzeniowe. Myślenie życzeniowe produkowało głupstwa. Jeśli bowiem nikt z nas nie widział wyjścia, to jakież wyjście proponował Reykowski? Proponował skupienie wszystkich wokół hasła: „ratujmy Polskę". Wokół tego hasła skupiano się już za Gomułki i za Gierka z wiadomymi skutkami. Każdy rząd skupiał ludzi pod takim hasłem, by natychmiast przeobrażać ich z obywateli w poddanych. Proponował też Reykowski przerwanie „wojny psychologicznej" obliczonej na zdyskredytowanie przeciwnika. Proponował wreszcie, „aby znalezione zostały takie instytucjonalne rozwiązania, które wykluczają wyprowadzenie w pole partnera". A cóż innego proponowała „Solidarność"? Aparat władzy – z różnych powodów – nie interesował jednak ten kierunek rozwiązań. Związkowi przedstawiono ultimatum.

„Solidarność" stanęła wobec alternatywy: wpisać się w struktury oficjalne (np. PRON) na zasadach aprobaty dla totalitarnego ładu lub też zaryzykować konflikt. Uważam, że w tej sytuacji Komisja Krajowa postąpiła słusznie decydując się na konflikt. Dzięki temu dziś, po czterdziestu miesiącach, istnieje „Solidarność", a nie jej karykatura kierowana przez policyjną agenturę.

Spoglądając na tamte dylematy można i należy ponownie sformułować pytanie o zasadność rachuby na kompromis z komunistycznym aparatem władzy. Wielu krytyków czyni z tej rachuby zarzut przypisując nam naiwną wiarę w okrągłe deklaracje naszych sekretarzy i generałów. Nie przyjmuję tego zarzutu. Wcale nie wierzyliśmy w ich prawdomówność. Wierzyliśmy jednak, że do pewnych kompromistów można ich zmusić. I wcale nie była to postawa – a spotkali się w jej obrębie Wałęsa i Gwiazda, Kuroń i Modzelewski – nieracjonalna. Jej efektem było szesnaście miesięcy wolności w „Solidarności" – największa zdobycz polskiego społeczeństwa na przestrzeni ostatniego czterdziestolecia.

V

DWA stereotypy uniemożliwiają sensowny namysł nad genezą klęski sierpniowych porozumień. Wedle pierwszego z nich uznaje się za pewnik, że już podpisując gdańską umowę, komuniści byli zdecydowani zlikwidować siłą niezależny ruch związkowy. Istotą drugiego jest przyjęcie za aksjomat, że źródeł stanu wojennego szukać należy w nadmiernym radykalizmie postulatów „Solidarności".

Przyjrzyjmy się obu stereotypom.

Pierwszy z nich uchyla faktycznie każde z pytań o błędy naszego Związku i czyni bezprzedmiotową analizę naszej niedawnej przeszłości. Zakłada skrajny determinizm procesu historycznego i mimowolnie kreuje komunistów na geniuszy, którzy są w stanie precyzyjnie przewidywać, planować i przeprowadzać swą politykę z kilkunastomiesięcznym wyprzedzeniem. Tymczasem obóz rządzący – szarpany wewnętrznymi konfliktami i strachami – także był poddawany rozmaitym presjom społecznym i zewnętrznym. Tendencja do likwidacji „Solidarności" – głównego elementu tworzącej się podmiotowości społeczeństwa – była oczywista. Nie był jednak rozstrzygnięty sposób realizowania tego zamysłu. Sytuacja była przeto prowizoryczna. Wszakże – powiadają Francuzi – nic bardziej trwałego jak prowizoria. Stwierdzenie to uczyniłem w tamtym czasie punktem wyjścia własnego rozumowania.

Opowiadając się za postulatem dwuizbowego parlamentu miałem na myśli instytucjonalizację kompromisu faktycznie funkcjonującego. Towarzyszyć temu miałoby zagospodarowanie pól wolności w każdej dziedzinie życia. Był to więc program ugody między władzą a społeczeństwem oraz wizja rekonstrukcji podmiotowości Polaków. Zakładał on gotowość do ryzykownej nawet obrony sierpniowych zdobyczy, ale i cierpliwość zrodzoną ze spojrzenia na polityczną mapę Europy. Należało – sądziłem – robić swoje i przyglądać się uważnie ewentualnym zmianom w ZSRR. Te zmiany – lub ich nieobecność – miały określać kształt następnych poczynań.

Całe to rozumowanie okazało się – niestety – mało realistyczne. Być może – tak twierdzi wybitny publicysta, Maciej Poleski – realizm nakazywał od początku przewidywać grudniowy zamach stanu i budować przez cały czas siatkę konspiracyjną, która tak potrzebna okazała się po 13 grudnia. Poleski postulował to – sprawiedliwość nakazuje przypomnieć – grubo przed wprowadzeniem stanu wojennego. Myślę, że miał on rację i zarazem jej nie miał. Miał, bo przewidywał trafnie. Nie miał, bo rozmijał się kompletnie z psychologią nastrojów społecznych. Gdyby przyjąć, że mój przyjaciel Poleski formułował swój postulat pod adresem „Solidarności", to przecież – jakże nie przypomnieć? – był to ruch konstytuujący się w święcie, w wolności ujawnionej i obnażonej, w wolności tryumfującej i rozśpiewanej, wolności skandującej głośno „żeby Polska była Polską".

O konspiracji nikt nie chciał mówić ani słuchać, skoro los Polski rozgrywał się na jasno oświetlonej scenie Wielkiej Historii, gdzie negocjowali przywódcy „Solidarności" z rządem.

Co się zaś tyczy przywódców... Przywódcy powinni – to oczywiste – spoglądać dalej, myśleć bardziej wariantowo, mieć gotowe różne rozwiązania. Aliści przywódcy powinni być ludźmi ruchu, a nie prorokami dziejów. Tak było zawsze. Bez sensu przeto jest stawiać zarzut rządowi RP, że w maju 1939 roku myślał o obronie Polski przed Hitlerem i Stalinem, nie zaś o tworzeniu konspiracji w okupowanej Polsce; bez sensu jest stawiać zarzut rządowi gen. Sikorskiego, że planował poczynania w wojnie z Hitlerem o niepodległość Polski, a nie strategię oporu w Polsce rządzonej przez ludzi Stalina. Każdy układ historyczny ma swoją konwencję i swoje limity. Każdy układ ma swą wewnętrzną logikę, poza którą wyjść niepodobna. Nie wystarczy trafnie przewidywać koniec tego układu, trzeba jeszcze przetłumaczyć swą prognozę na język konkretnych postulatów. „Solidarność" negocjująca z rządem i szukająca pola kompromisu mogła przyjąć warianty planu strajku generalnego dla wymuszenia ugody. Jednak – twierdzę – ten scenariusz był nieprzetłumaczalny na konkretny język postrajkowej konspiracji. Jeśli przeto gotów jestem uderzyć się w piersi za brak wyobraźni, to dzisiaj nie mam pojęcia, jak w ramach ruchu wielomilionowego i jawnego ze swej istoty (a poprzez to bardzo dobrze spenetrowanego przez Służbę Bezpieczeństwa) można było tworzyć struktury konspiracyjne na użytek przyszłości. Pomijam już argument, że dopiero wtedy propaganda komunistyczna miałaby pożywny temat dla dowodzenia, że szykowaliśmy obalenie władzy. Istotne jest coś innego: konwencją „Solidarności" było wyrzeczenie się przemocy w rozwiązywaniu konfliktów. Mimo grudniowego szoku myślę, że konwencja ta przyniosła więcej zysków niż strat.

Natomiast – tu przekonał mnie mój przyjaciel Jan Lityński – istotnym błędem była zgoda na procedurę rejestracji Związku w listopadzie 1980 roku. Wydaje się mało prawdopodobne – wywodził Lityński – by z powodu odrzucenia tej procedury rejestracyjnej rząd zdecydował się wtedy na konfrontację. Związek miałby mniej członków i więcej kłopotów z lokalami, kontami bankowymi etc., ale uniknąłby tego wstrząsu, jakim było w październiku 1982 roku postanowienie Sejmu o rozwiązaniu „Solidarności". Nie jestem wszakże skłonny przywiązywać do tego błędu nadmiernej wagi. I nie z tego czyniono „Solidarności" główny zarzut. Naszym grzechem głównym miał być brak umiarkowania.

Nasi umiarkowani krytycy powiadają, że „Solidarność" zgubiła młodzieńczy romantyzm i aksjologiczny idealizm, które doprowadziły do rozbratu z realizmem. Oddajmy im głos. Wysłuchajmy ich. Przeciwnik zawsze widzi ostrzej i precyzyjniej. Jeśli sąd jego skażony jest jednostronnością, jeśli służyć ma mu w konsekwencji usprawiedliwieniu przemocy i kłamstwa naszych oprawców, to i tak wskazuje nam na te aspekty naszej historii powszechnej i osobistej, które sami chętnie spychamy w otchłań niepamięci. Podejmując – po 13 grudnia – polemikę z tezą, że konflikt był wynikiem „nieudanej próby reformowania niereformowalnego systemu", prof. Janusz Reykowski odrzucił interpretację, że „Ruch działał mądrze i rozważnie, że posiadał trafną i realistyczną strategię, lecz uległ przemocy".

„Taka interpretacja – pisał prof. Reykowski – nadaje się dobrze do autogloryfikacji, w szczególności zaś do wybielania tych, którzy strategię ruchu tworzyli. Jednakże strategię tę można by uznać za sensowną tylko wtedy – gdyby przyjąć, że jej celem było doprowadzenie do zniszczenia istniejących struktur polityczno-państwowych. To tylko z tej perspektywy można uzasadnić celowość skracania czasu pracy i podwyższania płac w okresie gospodarczego upadku, tylko tym można wyjaśnić nawoływanie górników, by nie pracowali w sobotę (jeżeli państwo im dodatkowo za to płaci), tylko wtedy ma sens organizowanie marszów i demonstracji w celu powiększenia racji towarów, których nie ma, tylko wtedy zrozumiałe jest popieranie i stawanie w obronie działań, które muszą wzbudzać wrogość do sąsiadów i wrogość sąsiadów, tylko wtedy uzasadnione jest prowadzenie kampanii, mającej na celu kompromitowanie władz państwowych i podważanie wszelkiego do nich zaufania, organizowanie wystąpień, które paraliżują te czy inne działy gospodarki lub podejmowanie akcji rozprawiania się z organizacjami partyjnymi w zakładach. Oczywiście można powiedzieć, że wszystkie te działania nie były realizacją strategii, lecz zostały wymuszone przez postępowanie, czy też «prowokację» władz, a więc mogą być rozpatrywane jako żywiołowo narastające przejawy nie mające innych celów, jak tylko danie świadectwa pewnym wartościom. W takim wypadku nie można mówić o naprawianiu systemu, lecz o jego postępującym rozkładzie. Jeżeli jednak te same działania traktować jak akt politycznego wyboru kierowany świadomym zamiarem dokonania przekształceń istniejącego porządku, to staje się nader pewne, że jest to taka naprawa, po której przedmiot naprawiany musiałby przestać istnieć".

Zaryzykuję zarzut autogloryfikacji i wybielania się. Spróbuję wyjaśnić, dlaczego uważam strategię kierownictwa NSZZ „Solidarność" za mądrą i rozważną, spróbuję też odpowiedzieć na podstawowe zarzuty skierowane pod adresem tej strategii. Zawieszam w tym miejscu osąd moralny ludzi, którzy wyliczaniem naszych grzechów usprawiedliwiają przemoc i kłamstwo skierowane przeciw ludziom „Solidarności". Przyjmuję za dobrą wiarę deklarację naszych krytyków, że uznali „stan wojenny" za „mniejsze zło" od krwawej wojny domowej czy sowieckiej interwencji. Założenie takie – jak myślę – czyni dialog możliwym. Czyni również możliwym sprecyzowanie istotnych różnic w punkcie widzenia. Zarysowany przez prof. Reykowskiego obraz Polski epoki porozumień sierpniowych jest dosyć przerażający. Nie wątpię wszakże, iż tak właśnie prof. Reykowski postrzegał sytuację. Genezę tej perspektywy poznawczej sam celnie scharakteryzował pisząc: „gdy dominującą emocją staje się lęk (...) wyolbrzymiane są siły wroga, czy też prawdopodobieństwo niekorzystnego rozwoju wypadków". W moim przekonaniu bowiem Polska przed 13 grudnia nie stała w obliczu chaosu. Istniały pokojowe sposoby rozładowania napięć i istniały szanse osiągnięcia rozwiązań kompromisowych.

Zarzuca się „Solidarności" eskalowanie żądań ekonomicznych w chwili głębokiego kryzysu. Z pozoru brzmi ten zarzut dorzecznie: stopień dewastacji gospodarki polskiej przez gierkowską ekipę był tak szokujący, że ujawniane fakty znacznie przekroczyły najostrzejsze z krytyk formułowanych przed Sierpniem w środowisku KOR-u. Jednak dla rozstrzygnięcia sprawy należałoby sięgnąć do konkretów. Okazałoby się wtedy, że rząd od początku przyjął filozofię ustępstw w sferze ekonomicznej i twardego oporu w sferze postulatów politycznych. Była w tym oczywista gra na rozłam w ruchu związkowym – blokowanie przez kierownictwo Związku oddolnych postulatów rewindykacyjnych pozwalało rządowej propagandzie obwieszczać, że liderom „Solidarności" nie chodzi o sprawy materialne ludzi pracy, a o załatwianie swych politycznych celów. Żądania ekonomiczne nie wychodziły poza porozumienia sierpniowe, których respektowanie rząd wciąż uparcie deklarował. Ludziom pracy żyło się ciężko. Po raz pierwszy mogli otwarcie artykułować swoje potrzeby, co czynili tym łacniej, że w sprawach płacowych władza była wyjątkowo ustępliwa. Cóż więc dziwnego, że te żądania pojawiały się? Nie one jednak rozłożyły polską gospodarkę i nie one doprowadziły do stanu wojennego. Powiada się wszakże, iż strajki „demontowały państwo". Nie o wszystkich strajkach jednak nasi krytycy wspominają. Przewodniczący „Solidarności" z Radomia opowiadał mi na przykład o strajku milicjantów. Funkcjonariusze Komendy Wojewódzkiej MO odmówili przyjmowania doniesień o włamaniach i kradzieżach, odsyłając poszkodowanych do Zarządu Regionu. Długiej listy prowokacyjnych działań aparatu bezpieczeństwa (anonimy, pogróżki, szkalujące ulotki etc.) nie ma sensu tu przywoływć. Powstaje jednak pytanie: czy za ten typ anarchizacji także można obwiniać przywódców „Solidarności"?

Strajków najwięcej było w gazetach i w przemówieniach przywódców. Ręcznie sterowana propaganda podsycała nastrój grozy. Jest powszechnie wiadomo, że kierownictwo Związku dążyło do wygaszania strajków. Nie zawsze jednak było to możliwe. Strajki lokalne były sprowokowaną reakcją na obstrukcję aparatu władzy. Czy znaczy to, że aparat świadomie dążył do wywołania strajków? W ostatnim okresie – tak. Było to psychologiczne przygotowanie opinii do stanu wojennego. We wcześniejszym okresie było jednak inaczej. Wtedy strajki lokalne rodziły opór lokalnego aparatu przeciw zmianom demokratycznym. Te zmiany aparat – wciąż atakowany i rozliczany – nazywał kontrrewolucją i demontażem państwa. W istocie rzeczy był to demontaż systemu nomenklatury i nakazu. Strajki lokalne nie były wyrazem makiawelicznej taktyki Wałęsy, Gwiazdy czy Kuronia; były reakcją miejscowych działaczy na własną bezsilność i całkowitą niemożność osiągnięcia porozumienia globalnego przez umiarkowane kierownictwo Związku. Im większy był impas w rozmowach na szczeblu centralnym, tym silniejsze były tendencje rewindykacyjne w terenie. Towarzyszył im skądinąd wzrost nieufności do związkowego kierownictwa. Antystrajkowe stanowisko kierownictwa traktowane było jako akt lekceważenia konkretnych interesów związkowców. Ignorowanie tych nastrojów byłoby dowodem braku realizmu, a zostawienie strajkujących samym sobie nie tylko złamałoby zasadę solidarności związkowej, ale i sprzyjałoby chaosowi społecznemu.

Kiedy wybuchały lokalne strajki? Gdy niestrajkowe sposoby rozwiązywania konfliktów zawodziły. Zazwyczaj nie tyczyły te konflikty spraw zasadniczych w skali państwa. Warto tedy postawić pytanie: dlaczego niestrajkowe metody rozwiązywania konfliktów lokalnych tak często okazywały się nieskuteczne? Odpowiedź na to pytanie będzie zarazem odpowiedzią na zarzuty prof. Reykowskiego.

Stawiano „Solidarności" zarzut, że frontalnie atakowała ludzi władzy i lekceważyła nurt reformatorski w łonie PZPR. Ludzie władzy, nawykli do rytualnych hołdów, z pewnością musieli czuć się zirytowani krytyką nie przez nich dekretowaną. Jeszcze bardziej musiała ich boleć popularność Wałęsy, przewyższająca znacznie autotytet każdego z nich. Wszelako prawo do krytyki poczynań rządzących było następstwem porozumień sierpniowych i zwykłą konsekwencją normalnego funkcjonowania opinii publicznej. Ponieważ każde ustępstwo rządu poprzedzane było konfliktem, w każdym jego posunięciu poczęto dopatrywać się antyzwiązkowego ostrza. Niestety nie bez racji. U podstaw rozumowania „Solidarności" tkwiło założenie, że w walki frakcyjne w łonie PZPR mieszać się nie należy. Spory Barcikowskiego z Grabskim czy Rakowskiego z Siwakiem były poza zasięgiem naszych analiz, choć nie były dla nikogo tajemnicą. Był to wynik wcześniejszych kryzysów, kiedy poparcie udzielane przywódcom PZPR czy frakcjom ogłaszającym się za reformatorskie kończyło się każdorazowym oszustwem. Dlatego tym razem uwaga opinii publicznej skupiona była na reformach instytucjonalnych. Poszczególnych przedstawicieli aparatu władzy postanowiono sądzić po czynach, a nie po deklaracjach. Z tym zaś był kłopot. Ludzie określani mianem „nurtu reformatorskiego" w łonie aparatu nie mieli żadnej wykrystalizowanej wizji reformy, która by polegała na świadomym samoograniczeniu i instytucjonalizacji umowy społecznej z sierpnia 1980 roku. Dość przeczytać książkę M. F. Rakowskiego „Rzeczpospolita na progu lat osiemdziesiątych", by się o tym przekonać. Sam Rakowski, tak dbały o swój wizerunek „reformatora", swym postępowaniem budził nie mniej prowokujące, negatywne emocje niż Albin Siwak – gwiazda „betonu". Permanentnie zachowywał się jak obrażona modelka i – tytułem rewanżu – obrażał swych oponentów. Ten nawyk pozostał mu zresztą do dziś. Co najważniejsze jednak, ci rzekomi „reformatorzy" unikali jak ognia rozmów o reformach strukturalnych, zaś porozumienie narodowe pojmowali jako wpisanie „Solidarności" w istniejącą fasadę totalitarnych struktur.

W tym stwierdzeniu zawarta jest też odpowiedź na kolejny zarzut. Powiada się, że Związek odmówił „wkomponowania się" w istniejące struktury. To prawda. Tylko wyjaśnijmy dokładnie, o czym tu mowa. PSL – autentyczna partia polskich chłopów – poddana presjom i represjom, wkomponowała się w system: stała się ZSL-em. Powojenna PPS wkomponowała się także – przestała istnieć. Natomiast Kościół katolicki – mimo sugestii wspieranych wyrokami – odmówił „wkomponowania się": nie stał się tworem podobnym do sowieckiej cerkwi prawosławnej. Mówiąc skrótowo, „Solidarność" pragnęła w tym zakresie naśladować Kościół, z jego niezależnością, z jego gotowością do kompromisu, ale i do dania świadectwa. Czynić Związkowi z tego zarzut to rezygnować z rozumienia jego natury.

Oskarżono nas również o lekceważenie realiów geopolityki. Nikt z naszych krytyków nie podjął jednak próby zdefiniowania tych realiów. Nikt z nich nie określił – choćby hipotetycznie – granic sowieckiej tolerancji. W szeroko reklamowanej antysowieckiej fobii w Związku, widzę sporo przesady. Pierwsze miesiące zastanawiały wręcz obserwatorów całkowitą nieobecnością tego rodzaju akcentów. Pojawiły się one jako reakcja na nasilającą się kampanię sowieckiej prasy przeciw „Solidarności", w aurze płynących z Moskwy szantaży i pogróżek. Nie były jednak – także wtedy – zapowiedzią antysowieckiej irredenty, lecz naturalnym sposobem rozładowania psychologicznych napięć. Taki sens miały karykatury niedźwiadka wyposażonego w twarz Leonida Breżniewa.

Wątek sowiecki powracał również w publikacjach historycznych. Odzyskiwanie pamięci zbiorowej przynosiło wspomnienie zdarzeń obłożonych oficjalną anatemą. Powracały do historycznej świadomości fakty wyklęte: pakt Ribbentrop-Mołotow, zbrodnia katyńska, Jałta, interwencja sowiecka na Węgrzech i w Czechosłowacji. Powrócił także temat stalinizmu i odpowiedzialności za stalinizm. Kiedy środowiska partyjne „betonu" poczęły przerzucać odpowiedzialność za stalinowskie zbrodnie na Żydów i na ludzi związanych z „Solidarnością", w prasie związkowej pojawiły się – tytułem repliki – publikacje ukazujące mechanizm i organizację stalinowskiego terroru sterowanego przez ludzi sowieckiego aparatu bezpieczeństwa niezależnie od ich rasowego pochodzenia.

Natomiast systematyczne bezczeszczenie grobów sowieckich żołnierzy było – jak się wydaje – po prostu prowokacyjną akcją sowieckiej agentury w Polsce. Te właśnie akty wandalizmu prasa partyjna reklamowała z zadziwiającą gorliwością. Rozbudzanie tym sposobem antysowieckich emocji, rozgłaszanie i wyolbrzymianie każdego incydentu z tym związanego, miało służyć psychologicznej „podbudowie" przyszłej interwencji militarnej. Interwencję w Czechosłowacji poprzedziły podrzucone plecaki z bronią; interwencję w Polsce miały przygotowywać zdewastowane cmentarze.

Trzeba wiele złej woli, by twierdzić, że „Solidarność" wzbudzała wrogość do sąsiadów. Tak często atakowane „Posłanie" zjazdu „Solidarności" było przecież typowym aktem internacjonalizmu, jeśli poprzez to zdewaluowane pojęcie zrozumieć braterstwo międzynarodowe ludzi pracy, a nie identyfikację z polityką zagraniczną

Związku Radzieckiego. Co się zaś tyczy rządów, to ich wrogość wzbudzał sam fakt istnienia „Solidarności" i dokonujące się w Polsce przeobrażenia. Nomenklatura bratnich partii widziała się już oczyma duszy na miejscu Gierka i Jaroszewicza. Tu tkwiły korzenie wrogości do Związku, wrogości równie naturalnej, jak niechęć rządów Świętego Przymierza do Wiosny Ludów. Przykład Polski wskazywał drogę przemian. Publikacje związkowe stanowiły tu zaledwie margines – istotą konfliktu było istnienie niezależnego Związku. W tym „Posłaniu" widziano wszakże dowód braku relalizmu, a nawet próbę obalenia siłą ładu jałtańskiego. Ponieważ takiego ładu nikt jeszcze nie obalił za pomocą „posłań", tedy skupmy uwagę na zarzucie „braku realizmu".

Zastanawiając się nad przyczynami „braku realizmu" w Związku, prof. Reykowski zanotował szczególną skłonność intelektualistów „Solidarności" do rozumowania w kategoriach wartości. Zgodność lub sprzeczność faktów życia publicznego z wartościami wyznaczać miało myślenie związkowych elit. Skutkiem tej deformacji była niezdolność do poprawnej analizy przyczyn i skutków, szans i możliwości. „Szczególne uwrażliwienie na określoną wartość sprawia – pisał prof. Reykowski – że zachodzi zjawisko, które w psychologii nazywane jest akcentuacją: ocena sensu wydarzeń, szans, sił, możliwości ulega tendencyjnemu wyolbrzymieniu. Ważne, prawdziwe, prawdopodobne jest tylko to, co z daną wartością jest zgodne. Działania, które się podejmuje, mają jeden podstawowy cel: dać świadectwo wartości". Tak więc o „efekty w sferze ducha, a nie skutki, a więc efekty w sferze porządku realnego, chodzi przede wszystkim".

„Solidarność" jest ruchem – przyznaje prof. Reykowski – który symbolizuje ideę odrodzenia narodowego. „Myślenie w kategoriach wartości czyni uczestnictwo w takim ruchu faktem niejako oczywistym. Ale też i prowadzi do prawdziwie tragicznych sytuacji. Rzeczywista obrona wartości wymaga zbiorowego, trzeźwego, dopasowanego do okoliczności działania, uwzględniającego, że w życiu ważna jest nie jedna tylko wartość, lecz że jest ich więcej i że o wszystkie prawdziwie cenne trzeba się zatroszczyć. Znaczy to, że obrona wartości wymaga realizmu politycznego. Ale czy łatwo jest zachować realizm polityczny w świecie wartości"?

Z dużą przyjemnością cytuję opinie prof. Reykowskiego. Nie tylko dlatego, że stanowią one celny opis urody i rozlicznych wad sposobu rozumowania korowców. Także dlatego, że dowodzą one obecności kultury polemicznej wśród naszych przeciwników. Trudno mi jednak przyjąć te uwagi bez zastrzeżeń. Myślę bowiem, że prof. Reykowski posługuje się – zgodnie z pewną tradycją – nader wąskim pojęciem realizmu. „Za nieodłączną cechę romantyzmu – pisała

przed laty Maria Dąbrowska – uważa się pewnego rodzaju szaleństwo zamierzeń życiowych (...) nie liczące się jakoby z konkretną
rzeczywistością. W gruncie rzeczy romantyczne szaleństwo jest najzupełniej rozumne i liczy się z rzeczywistością, tylko rozszerza jej
pojęcie, przystępuje do niej od innej strony".

Cechą „romantycznego szaleństwa" Związku – dodam od siebie –
była próba pogodzenia naturalnego dążenia Polaków do wolności i
podmiotowości z realiami geopolityki. Prof. Reykowski ma rację,
gdy opisuje niejedną deformację naszego myślenia, myli się jednak
definiując przedmiot społecznego konfliktu w Polsce. Powiada on,
że „Solidarność" wybrała taką drogę „naprawy struktur polityczno-
-państwowych", po której „przedmiot naprawiany musiałby przestać
istnieć". Ogólnikowość sformułowań skrywa tu kontury prawdy. Pojęcie „naprawy" (kiedy nastąpiło „zepsucie"?) niewiele tu wyjaśnia.
Przecież przedmiotem konfliktu nie było takie czy inne nadużycie i
błędy ekipy gierkowskiej, lecz sama istota systemu władzy polega-
jącego na redukcji obywatela do statusu poddanego. Nastąpiła ta
redukcja wraz ze zdobyciem władzy przez partię komunistyczną i
trwała – wśród rozmaitych wahań temperatury represji – do sierpnia
1980 roku. Sierpień był eksplozją aspiracji do podmiotowości. Porozumienia sierpniowe były tej aspiracji zadekretowaniem. Jako takie
stanowiły one wyzwanie dla nomenklatury. Realizm nakazywał do-
bieranie do realizacji podmiotowości odpowiednich środków. Tenże
realizm nakazywał uświadomienie opinii publicznej natury konfliktu
– była to jedyna szansa na kompromis, który nie byłby powolną kapitulacją przed totalitarnymi roszczeniami nomenklatury. Porozumienia skończyły się porażką – powróciła wszechwładza nomenklatury. Wedle tego rozumowania realistami politycznymi byli targowi-
czanie, zaś „Kościuszko to był wariat, co buntował proletariat".
Wedle tego rozumowania „realizm" to po prostu nazwa postawy pogodzenia się z niewolą. Nieprzypadkowo za subtelne formuły realizmu politycznego skrywali się konformiści i ludzie „ostrożnego mę-
stwa", żeby już o służalcach i serwilistach nie wspomnieć...

Mówiąc brutalnie: czy za realistów politycznych byłby skłonny uznać prof. Reykowski tych Niemców, którzy wstąpili do NSDAP, czy
też tych, jakże nielicznych, którzy decydowali się na czynny opór?

Albo inaczej. Proponuję prof. Reykowskiemu refleksję nad pytaniem: na czym polegał brak realizmu Imre Nagya czy Aleksandra
Dubczeka? Dopóki nie uzyskam odpowiedzi, pozostaję przy opinii,
że wedle kryteriów prof. Reykowskiego brakiem realizmu skażone
jest każde dążenie do demokracji i podmiotowości w krajach realnego socjalizmu. Powtarzam – każde. Także dążenie ludzi typu prof.
Reykowskiego. Jeśli bowiem sądzić po skutkach – rozpatrując udział

53

w poszerzeniu sfery wolnej wypowiedzi – wydaje się bezdyskusyjnym, że więcej w tej materii uczynili romantycy w rodzaju Kuronia niż długi legion koncesjonowanych realistów.

Jednak sądzenie takie nie wyczerpuje problemu – spoglądać należy w przyszłość. To przyszłość pokaże, czy system totalitarny jest wiecznotrwały, czy też zwolna dogorywa wśród policyjnych represji.

Jeśli jednak nasze przewidywania okażą się mało realistyczne, a totalitarny komunizm ma przed sobą jeszcze stuletnie konanie, to i wtedy pozostanie nam przeświadczenie, że jego skutki uczyniliśmy mniej dokuczliwymi; że ocalimy jakieś wyspy wolności, które z czasem przekształcą się w archipelagi.

Ten wywód nie ma jednak na celu stwierdzenia, że „Solidarność" nie popełniła błędów. Błędy – nawet jeśli wymuszone – błędami być nie przestają. Za błąd uważałem i uważam wdawanie się ogniw Związku w lokalne konflikty strajkowe. Za błąd uważałem marsze głodowe zwieńczone bezsensowną blokadą ronda w Warszawie. Za błąd uważałem ciągłe odkrywanie Ameryki o Katyniu i 17 września w prasie związkowej. Mógłbym tak dłużej ciągnąć. Po co? Żaden z tych błędów nie był nienaprawialny. Żaden z nich nie wiedzie mnie ku tezie, że to radykalizm Związku doprowadził do 13 grudnia. Za absurdalną uważam na przykład opinię, że „Solidarność" złamała porozumienia gdańskie organizując strajk w obronie Narożniaka. Przypomnieć bowiem wypada jej zwolennikom, iż faktycznym przedmiotem konfliktu był okólnik prokuratora generalnego, który zapowiadał konsekwentne łamanie prawa w walce z „Solidarnością". Narożniak był pierwszą ofiarą planowanej polityki. Godzenie się z jego uwięzieniem otwierało aparatowi bezpieczeństwa drogę ku wyaresztowaniu niewygodnych związkowców, co byłoby nie tylko złamaniem fundamentalnej zasady Związku, jaką była solidarność, ale po prostu aktem politycznego samobójstwa.

Doświadczenie historyczne „Solidarności" było krótkie i szczególne. Było to doświadczenie zwycięskich strajków w sierpniu i w późniejszych miesiącach. Związek miał to niejako zakodowane w świadomości: same negocjacje z rządem nic nie przyniosą; negocjacje muszą być wsparte strajkowym naciskiem. Wbrew pozorom nie była to dobra lekcja politycznego myślenia. To prawda – komuniści ustępowali tylko przed naciskiem. To prawda – bezpieczeństwa Związku należało bronić wszystkimi dostępnymi sposobami ze strajkiem włącznie. Nie oznacza to wszakże, iż zawsze i w każdej sytuacji „pistolet strajkowy" jest bronią skuteczną. Jesienią 1981 roku strajki służyły już tylko wzmaganiu napięcia, czyli były elementem scenariusza napisanego przez prący do konfrontacji aparat. Ten scenariusz nie był jednak dostatecznie czytelny. Brak zakodowanej tradycji taktycznego uniku i cierpliwego czekania powodował ciągłe strajkowe konflikty, których wygaszanie przez Wałęsę czy Kuronia aparat uznawał za znak słabości i sygnał do kolejnych prowokacji. Taki sens miał konflikt wokół radomskiej WSI, wokół Lubogóry, w sprawie Szkoły Pożarnictwa.

Samowiedza „Solidarności" była nader nietypowa, odmienna od świadomości zwykłego związku zawodowego. Była to świadomość ruchu narodu wybijającego się na wolność i podmiotowość, toteż wpisana w jej rodowód była cała wolnościowa tradycja Polaków. To nie była – jak chce prof. Reykowski – wiara w mit odrodzenia narodowego. To była próba znalezienia wyrazu dla odrodzenia duchowego, które się faktycznie dokonywało.

Na tym etosie żerowało wielu krzykaczy, cwaniaków i zwykłych agentów. Ten etos łatwo pozwalał podbijać poprzeczkę zbiorowych emocji, sprzyjał demagogii, pozwalał na formułowanie haseł tyleż słusznych i nośnych, co obiektywnie prowokacyjnych (np. wolne wybory do Sejmu, rewizja układów handlowych z ZSRR etc). Ten etos – wreszcie – nie sprzyjał wytwarzaniu politycznej kultury opartej na pluralizmie i kompromisie.

Odwoływał się do oczywistości. Głosił – artykułując powszechne przeświadczenie – że tylko „Solidarność" jest gwarantem dokonujących się przeobrażeń życia społecznego. Cóż z tego, że była to prawda? Cóż z tego, że wraz z likwidacją „Solidarności" zlikwidowano wszystkie instytucje polskiej podmiotowości? „Solidarność" była – powiedzmy to jasno – faktycznym monopolistą w życiu obywatelskim Polaków. Co się zwykle marnie kończy. Związek, tak jak i całe polskie życie obywatelskie, nie był przygotowany do życia w pluralizmie. Różnice ideowe były zeń rugowane przez wykarmione na nieufności pomówienia i konflikty personalne. Nie było to zabawne. Wystarczało być członkiem PZPR, by stać się przedmiotem koncentrycznych i demagogicznych ataków. Ale wystarczyło też być członkiem KOR, by stać się obiektem najdziwaczniejszych pomówień. Do „Solidarności" garnęli się wszyscy i wszystkich nas zaskoczyła i przerosła sytuacja nagłej eksplozji wolności.

Nikt z nas nie jest tu bez winy. Przeto dla przyczyn terapeutycznych zasadnym zdaje się być postulat, by – wspominając te gorzkie sprawy – rachunek sumienia zaczynać od siebie, a nie od innych; by wspominać nie tyle krzywdy doznane, co krzywdy wyrządzone. Jak z powyższego wynika, autor tych uwag nie ma poczucia bezgrzeszności. Polemizując ze swymi antagonistami czy krytykując Wałęsę, zbyt często kierowałem się przekonaniem o ich złej woli, zbyt często ulegałem trującemu uczuciu nieufności, bym dzisiaj bez żalu wspominał pewne własne poczynania. Fakt, że sam bywałem obiektem ataków w mym przekonaniu niegodnych, nie zwalnia mnie żadną miarą z odpowiedzialności za własne uchybienia. Sumieniom mych krytyków pozostawiam własny rachunek pomyłek.

Powtórzyć wszakże chciałbym: żaden z naszych błędów, a było ich wiele, nie przekreślał możliwości kompromisu. Najsurowsza nawet ich charakterystyka i ocena nie zmieni mej opinii, że gdzie indziej trzeba szukać źródeł 13 grudnia.

Myślę – nie ma sensu obarczać winą i odpowiedzialnością za postanowienia Jałty przywódców podziemia i rządu RP w Londynie.

Myślę też – nie ma powodu obwiniać Wałęsy i innych przywódców „Solidarności" za grudniowy zamach stanu generałów.

VI

JEST maj 1985 roku. Znów mym otoczeniem są cztery ściany więziennej celi. Czekam na proces. W gazetach smutno. Dla jednych frazesy i przechwałki, dla drugich – pogróżki i wyroki. Dziennikarze piszą to, czego nie myślą, a myślą to, o czym nie piszą. Sprawdzam te notatki i zastanawiam się nad ich sensem. Czy są rozważaniami nad polityką polską? Czy wspomnieniami z teraźniejszości? Niezupełnie. Są próbą zapisania tego, o czym myślę. Są bardzo osobistą próbą przyjrzenia się samemu sobie umieszczonemu przez los w wielkim cyklonie zdarzeń. Stąd ich egocentryzm. Opowiadam o sobie i swoich reakcjach, bo po prostu chcę sam siebie zrozumieć.

Andrzej Kijowski, jeden z mistrzów Polskiej eseistyki, napisał kiedyś, że autobiografia jest przyjęciem na siebie odpowiedzialności absolutnej, dopuszczeniem do tajemnic własnych i poddaniem się ciekawości zbiorowej. „Jest to ciekawość gawiedzi – pisał Kijowski – tak więc pokaż im prawdę, na widok której zdejmą czapki, jak gapie, co spodziewali się ujrzeć wytarzanego w błocie błazna – ujrzeli człowieka krwawiącego".

Nie chcę skrywać się za formułą Kijowskiego. To nie jest t a k a autobiografia. Pragnę tylko wyznać, że pisząc o sprawach publicznych dotykam najbardziej osobistych odczuć swoich przyjaciół i własnych. Bowiem sprawa wolności w Polsce – jakkolwiek by to zabrzmiało patetycznie, a przez to śmiesznie – jest sprawą osobistą i intymną dla wszystkich tych, którzy ofiarowali jej cząstkę swego życia.

Wiem, co usłyszę – „brak dystansu utrudnia ci obiektywizm". Z pewnością. Mnie wszakże nie o obiektywizm tu idzie, a właśnie o subiektywny zapis, o świadectwo wciąż żywe i nasycone emocjami.

Wiem, co usłyszę – twoje oceny mogą zaszkodzić „Solidarności". Znam ten sposób rozumowania i argumentowania. Wcale nie uważam, by był on absurdalny. W „Zdaniach i uwagach" powiadał Mickiewicz:

56

Są prawdy, które mędrzec wszystkim ludziom mówi,
Są takie, które szepcze swemu narodowi;
Są takie, które zwierza przyjaciołom domu;
Są takie, których odkryć nie może nikomu.

Są takie prawdy. W życiu ludzi i społeczności istnieją prawdy tak intymne, tak szczególnie utajone i bolesne, że lepiej o nich milczeć. Ich tajemności broni obyczaj, prawo, Kościół.

Istnieją takie prawdy również w biografii „Solidarności"; prawdy spraw trudnych, zawęźlonych setkami urazów, nieporozumień sprowokowanych i krzywd niezawinionych. Nic przeto dziwnego, że reagujemy emocjonalnie na głos krytyki, w którym odnajdujemy aplauz dla postępowania naszych oprawców bądź piętno złej woli. Reagujemy też bez sympatii na głosy recenzentów, w których odnajdujemy tak dobrze nam znany strach zespolony z duchowym lenistwem. I temu trudno się dziwić, choć trzeba pamiętać, że na takie recenzje skazany jest każdy z podejmujących publiczne działania.

Powiadamy zwykle, wysłuchując krytyczne uwagi, że „nie czas i nie pora". „Teraz szukajmy jedności, potem będziemy się różnić" – dodajemy.

Zgoda. Szukajmy jedności. Ale nie próbujmy budować jej sztucznie, udając, że nic się nie zdarzyło. Spotkać się możemy tylko w prawdzie, spoglądając sobie w oczy. Na tym polegać ma nasz pluralizm i nasza tolerancja.

Komentując słowa Mickiewicza, Maria Dąbrowska pisała:

„Istnieją w duszy człowieka rzeczy nieujawnione, ale nadmiar ładunku rzeczy nie ujawnionych gnije w naszym wnętrzu, a wówczas pojawiają się stany grozy, rozpaczy i beznadziei graniczące z obłędem, a grożące rozbiciem".

Z tego doświadczenia może wynikają szczególne cechy kultury polskiej. Belgijski komunista dostrzegał, że „pod przykrywką retoryki i patosu" kryje ona w sobie „wyostrzone rozumienie względności rzeczy i idei", krytyczny dystans i swawolną kpinę nawet z samej siebie, wreszcie wartość cenną szczególnie: „nieuszanowanie świętości". To i mnie dodaje odwagi. Znam ryzyko towarzyszące podejmowaniu tematów trudnych: gniew opinii groźniejszy jest od rządowej represji. Nie bez wahań decyduję się rozważać niektóre z kłopotliwych prawd „Solidarności". Lękam się przecież nieporozumień, które mogę sprowokować. Czemu więc tak czynię? Czy nie prościej i wygodniej poprzestać na pisaniu oczywistości o paskudztwach naszych generałów i sekretarzy?

„Mógłbym powiedzieć, że nie wiem dlaczego to robię, ale po prostu zrobić to muszę, skoro czeka na mnie życie z samym sobą aż do śmierci, a wszystko, czego pragnę, to żyć w spokoju ducha" (William Faulkner).

VII

DLACZEGO doszło do wprowadzenia stanu wojennego? Po 13 grudnia wciąż powracaliśmy do tego pytania. Jedni szukali winy w sobie, tropili błędy „Solidarności" i jej przywódców, tracili wiarę i nadzieję, chronili się ucieczką w rozpacz. Drugich krzepiła nienawiść i pogarda do totalitarnej władzy, której funkcjonariuszom pisane było spełnić poetyckie proroctwo – „i pod drzwiami staną i nocą / kolbami w drzwi załomocą". Kolejne polskie pokolenie poznawało gorzki smak więziennego chleba i równie gorzką świadomość, że „są w ojczyźnie rachunki krzywd". Upokorzenie i bezsilność rodzą depresję oraz poszukiwanie sposobu, by gwałt odeprzeć gwałtem. Nie sprzyja to racjonalnej analizie.

Tymczasem zrozumieć genezę 13 grudnia to tyle, co zrozumieć mechanizm układu politycznego zrodzonego przez porozumienia sierpniowe. Nie wystarczy tedy obciążyć komunistów wszystkimi możliwymi winami i grzechami. To zaspokaja potrzebę psychicznej rekompensaty, ale niewiele objaśnia. Jeśli dziś formułowany bywa postulat kompromisu, to zasadną jest analiza tamtej porażki. W tamtą grudniową noc klęskę poniósł aparat władzy demonstrując swą polityczną jałowość; klęskę poniosła „Solidarność" przez swą materialną bezsilność; klęskę poniosła c a ł a Polska, gdyż przekreślone zostały na długo szanse reform demokratycznych, zmian ewolucyjnych i wydobycia ludzkich energii ku pożytkowi narodu i państwa.

Jakiż tedy był układ sił między Sierpniem a Grudniem? Przyjrzyjmy się aparatowi władzy. Był on podzielony i rozdarty konflktami. Wszyscy deklarowali się jako zwolennicy „odnowy" i politycznego realizmu. Jedni wszakże powiadali – idee „odnowy" i realizmu nakazują szukanie porozumienia z „Solidarnością", podczas gdy drudzy za wymóg odnowicielskiego realizmu uznawali „postawienie tamy" prądom określanym jako „kontrrewolucyjne". Przewaga tych drugich, określanych mianem „betonu", polegała na posiadaniu jasnej wizji pożądanych zdarzeń; oni dobrze wiedzieli, czego chcą. Chcieli powrotu do klasycznego sowieckiego modelu totalitarnej dyktatury, co nazywali powrotem do „norm leninowskich"; chcieli zastąpić krytyczną analizę mechanizmów rządzenia przerzuceniem odpowiedzialności za kryzys na błędy ekipy gierkowskiej; demokratyczną reformę miało zastąpić polowanie na czarownice.

Ich antagoniści – aparatczycy deklarujący wolę porozumienia – nie dysponowali tak jasną wizją programową. Dostrzegali potrzebę jakichś – choćby kosmetycznych – przeobrażeń, wypowiadali się za reformą gospodarczą, ale zupełnie nie umieli wyobrazić sobie mariażu „kierowniczej roli partii" z ruchem programowo nastawionym na budowanie podmiotowości społecznej. Tak jak i „beton", mówili o potrzebie „normaliżacji". Mówiąc tak, mieli jednak na myśli raczej proces stopniowego odzyskiwania terenu i powolny paraliż „Solidarności" niż gwałtowną „siłową" konfrontację. Po trzech latach Rakowski określił tę strategię jako rachubę na aktywizację „zdrowego, robotniczego ruchu" w łonie Związku, czyli – mówiąc językiem normalnych ludzi – rachubę na sparaliżowanie „Solidarności" przez agenturę. Wprowadzenie stanu wojennego oznaczało oczywistą porażkę tej strategii, choć – paradoksalnie – ocaliło władzę wczorajszych „reformatorów" realizujących program swych „betonowych" oponentów.

„Beton" – ewidentna ekspozytura sowieckiej polityki – wywierał stałą presję na ekipę Kani i Jaruzelskiego. Był groźbą Kremla – Olszowski i Grabski, Żabiński i Kociołek uosabiali szantaż towarzyszy sowieckich. Ich ustami mówili oni: „jeśli sami nie dacie sobie rady, Związek Radziecki nie opuści Polski w potrzebie". Gdyby założyć najlepszą wolę reformatorską u Kani i Jaruzelskiego – a nie ma rozsądnych powodów, by takie założenie czynić – pamiętać należy, że ich swoboda manewru była nader ograniczona. Gdybyż choć towarzyszyła ich poczynaniom wiara społeczeństwa w rzetelność reformatorskich deklaracji...

Było jednak inaczej. Odnowicielskie przysięgi brano za sposób obrony stołków. Zbyt żywa była pamięć kredytu zaufania udzielonego Gomułce, a potem Gierkowi. Obietnice Kani i Jaruzelskiego nie różniły się od tamtych nawet w fakturze językowej, zaś na program autentycznych reform zabrakło im społecznej wyobraźni. Dlatego opinia publiczna skłonna była lekceważyć konflikty w łonie elity władzy. Samo podnoszenie tego tematu miało posmak plotkarstwa lub szantażu i wywoływało u słuchacza odruch krytyczny. Był to zresztą odruch zdrowy. Walki personalne w łonie elity władzy trwały nieprzerwanie, ale nie sposób było zwykłemu człowiekowi wiązać z nimi jakieś nadzieje i zrozumieć ich sens. Antagoniści posługiwali się z reguły językiem tak specyficznym, że istota sporu (poza walką o władzę) była nieuchwytna.

Zachodni dziennikarze, opisując realia polityczne Przodującego Ustroju, posługują się zwykle matrycą konfliktu rządzących „liberałów" z nacierającymi „twardogłowymi". Z ich artykułów wynika, że grupa rządząca jest bardziej „liberalna", co jest o tyle oczywiste, że musi ona realizować skazaną na kompromisy politykę państwa, podczas gdy aspirujący do władzy „twardogłowi" mogli bezkarnie czerpać frazesy z pism doktrynalnych i domagać się pryncypialności. Reguła metodologiczna zachodnich dziennikarzy jest całkiem bezużyteczna dla interpretacji napięć w krajach realnego socjalizmu. Odzwierciedla pozór stwarzany przez rządzących komunistów, którzy lubią stwarzać taką zasłonę dymną, by szeptać: „jesteśmy mniejszym złem".

Totalitarna struktura władzy powoduje, że w partii komunistycznej nie ma miejsca na pluralizm. Zarzut „frakcyjności", czyli samoorganizacji grup członków partii wokół alternatywnych programów, należy do najcięższych. Zróżnicowanie – choćby personalne – jest jednak nieodłączną cechą każdej zbiorowości. Dlatego rywalizację różniących się programami grup zastępują koteryjne intrygi, a spór ideowy – walki personalne toczone w języku zrozumiałym tylko dla wtajemniczonych. Społeczeństwo usytuowane jest poza tą grą partyjnych gabinetów, kuluarów i pisuarów, której głuche odgłosy w postaci plotek zawadzają o niższe szczeble aparatu i przenikają na zewnątrz. Każda akcja obywatelskiego protestu paraliżowana jest argumentem, że to woda na młyn „twardogłowych". Pozostaje odruch warunkowy: kto sięga po argument „walk frakcyjnych", kto decyduje się na sprzeciw, skłonny jest ignorować istnienie tej sfery problemów.

Problem ma swoją historię. Argument ten, powszechnie funkcjonujący w epoce Polskiego Października i interwencji na Węgrzech, odwoływał się do realnych zagrożeń. Z czasem jednak, wciąż powtarzany dla uzasadnienia postaw konformistycznych i tchórzliwych, utracił jakikolwiek sens empiryczny, a przez to i moc perswazyjną. Rządzący posługiwali się językiem tak niezrozumiałym, zaś zróżnicowania wśród nich były na tyle nieistotne, że Polacy stracili zainteresowanie dla tego tematu. Świadectwem tego przeobrażenia była strategia KOR-u, który świadomie wyrzekał się limitowania swych poczynań przez wiedzę o konfliktach personalnych na szczycie PZPR. Później, w gorących dniach sierpniowych, podjęta przez Edwarda Gierka próba zwekslowania umów społecznych na wydeptany trakt rytualnej ofiary z kilku członków kierownictwa, nie przyniosła żadnego efektu. Na gest Gierka strajkujący odpowiedzieli kpinami – naturalną reakcją na lata bezsilności i jałowego wróżenia z fusów partyjnych sporów. Zbuntowane społeczeństwo mówiło już własnym językiem, językiem instytucjonalnych reform, a nie doktrynalnych zaklęć i gestów. Tę świadomość wpisała w swą strategię „Solidarność".

Zasadę „antyfrakcyjnego" rozumowania uważam za słuszną. Z każdej reguły metodologicznej wszakże można uczynić martwy i bezsensowny dogmat. Tak się też stało. Ze słusznej i uzasadnionej niechęci do identyfikowania się z poszczególnymi koteriami w łonie aparatu PZPR wyprowadzono fałszywą konkluzję, że konflikty o władzę winny być poza zasięgiem naszych zainteresowań i analiz.

Inaczej mówiąc, jeśli poważny skądinąd historyk rosyjskiej myśli społecznej doradza, by „Solidarność" wspierała „liberałów" przeciw „twardogłowym", to można tylko żartować z tej księżycowo-naiwnej wizji świata realnego socjalizmu, ale bywa przecież i tak, że analiza koteryjnej walki o władzę i jej społecznych skutków naraża na zarzut uczestnictwa w tej walce. Odczułem to na własnej skórze. Kiedy przed dwoma laty (maj 1983) podjąłem próbę opisania ataku „betonu" na ekipę Jaruzelskiego, wielu czytelników odnalazło w tych wywodach poparcie dla Jaruzelskiego jako „mniejszego zła", choć był przecież mój artykuł ewidentnym poparciem dla Lecha Wałęsy i Zbigniewa Bujaka.

W rzeczywistości z walką frakcyjną jest troszkę jak z walką klas: jedni negują jej istnienie, drudzy objaśniają jej logiką wszystko, nawet utwory muzyczne Bacha czy obrazy Rafaela. Tymczasem pewne zjawiska można objaśnić posługując się tym kluczem interpretacyjnym, innych zaś objaśnić w ten sposób niepodobna. Pamiętam na przykład liczne dyskusje toczone wokół wypadków marcowych z 1968 r. Jedni upatrywali w buncie młodzieży i intelektualistów efektu prowokacji policyjnej, narzędzie w ręku frakcji moczarowskiej, drudzy skłonni byli w ogóle ignorować oczywisty fakt brutalnej walki o władzę w aparacie. Podobnie podzieliła opinię publiczną sprawa bestialskiego zamordowania ks. Jerzego Popiełuszki. Jedni uporczywie chcieli w niej odnaleźć perfidną prowokację „betonu" przeciw Jaruzelskiemu, drudzy – między innymi autor tych uwag – rutynowe działanie aparatu bezpieczeństwa. Nic nie wskazuje, by przyszłość była wolna od tego rodzaju polemik.

Wedle mego przekonania analiza przeobrażeń w łonie aparatu może być płodna i instruktywna dla zrozumienia dynamiki konfliktów politycznych w latach 1980-1981. Podejmując ją należy jednak wystrzegać się uproszczonych kryteriów i języka, którym mówią o tych sporach funkcjonariusze aparatu oraz plotkarsko-mafijnej wizji świata władzy. Różnic szukać trzeba w diagnozie sytuacji społecznej, a kategorie pojęciowe opisujące konflikt winny być możliwie zobiektywizowane. Nie był to bowiem spór „gołębi" (zwolenników porozumienia) z „jastrzębiami" (zwolennikami konfrontacji), lecz konflikt, którego przedmiotem był wybór technik walki ze społeczeństwem, a stawką – władza. Rządzący aparat nie zdołał wyprodukować swego „obozu reformy".

Czy zresztą mogło być inaczej? Doświadczenie historyczne ludzi aparatu miało charakter szczególny. Byli „komunistami drugiej generacji" – bez kontaktu z autentycznym życiem politycznym, bez konspiracyjnych biografii, bez duchowych dylematów. Dziedzicząc po formacji kapepowsko-pepeerowskiej wszystkie wady, nie przejęli wszakże żadnych umiejętności. Co mogli odziedziczyć? Wiedzę o mechanizmach walki politycznej. Tej nie mieli. Mieli natomiast zakodowaną świadomość pełnego uzależnienia od ZSRR – tam spoczywała ich legitymacja do władzy.

Przejęcie władzy politycznej przez komunistów nie było w Polsce powiązane z rewolucyjnym konfliktem społecznym, lecz z obecnością Armii Czerwonej. Następstwem tego była osobliwa słabość, wynikła nie tylko z braku masowego poparcia, ale – generalnie – z braku narodowego mandatu, który posiadali na przykład komuniści Jugosławii. Dla badacza dziejów PRL jest to fakt o znaczeniu kapitalnym: przedmiotem jego analizy nie jest jedno z wielu – używając terminologii prof. Tadeusza Łepkowskiego – ,,spetryfikowanych państw zinstytucjonalizowanej rewolucji", lecz system totalitarnej władzy uznawany przez rządzoną społeczność za obcy i pozbawiony narodowej legitymacji. Tych realiów był zresztą w pełni świadom Władysław Gomułka, gdy w 1945 roku tłumaczył swym towarzyszom z PPR, że najpilniej trzeba doprowadzić do sytuacji, w której będą oni atakowani jako polscy komuniści, element polskiej sceny politycznej, nie zaś jako sowiecka agentura.

Czytając wszystkie późniejsze deklaracje ideologiczne komunistów, trzeba wciąż mieć na uwadze ten kompleks ,,niezakorzenienia". Tu też szukać należy genezy rozmaitych – rozpaczliwych, śmiesznych i przerażających – prób dorobienia sobie rodowodu. Gdzież nie sięgali już partyjni propagandyści? Od Waryńskiego i tradycji lewicy, poprzez Kościuszkę i tradycję niepodległościową, po feudalnych monarchów, by wymienić tylko Bolesława Chrobrego i Jana Sobieskiego. Składnikiem rodowodu bywał Dmowski, gdy trzeba było ożywić emocje antyniemieckie i usprawiedliwić serwilistyczny filosowietyzm; bywał Witos – gdy przydatne było sięgnięcie do chłopskiego antyklerykalizmu; bywał nawet Piłsudski – gdy szukało się uzasadnień dla polityki represyjnej w micie polskiego warcholstwa.

Niewiele to pomagało. Nawet Mickiewicz i Norwid, cytowani przez komunistycznych przywódców, wydawali z siebie głuchy dźwięk kłamstwa.

Wojciech Jaruzelski często powtarza, że PZPR od początku była partią ,,walki i porozumienia". Po przetłumaczeniu na język normalnych ludzi oznacza to, że PZPR od początku była partią destrukcji i partią porządku. W tym sensie Jaruzelski mówi prawdę. Istotą tej destrukcji jest konsekwentne niszczenie niezależnych struktur i instytucji społecznej podmiotowości; istotą tego porządku jest utrwalanie dokonanych zniszczeń policyjnym terrorem. Ta szczególnego rodzaju dwoistość znajduje odzwierciedlenie w ideologii i praktyce politycznej Przodującego Ustroju, które są dziwnym stopem dogmatyzmu ducha i konserwatyzmu uczynków z jakobińsko-bolszewicką pogardą dla aspiracji i tradycji świata rządzonych, także z wiarą w możliwość totalnego kreowania rzeczywistości i w pełną plastyczność ludzkiego materiału poddanego urzędowej „obróbce". „Obróbka" ta – jej apogeum przypadło na lata 1949-1953 – polegała na godnym najbardziej szczegółowego opisu, wdrażaniu mechanizmu terroru i demoralizacji społeczeństwa. Zajęciem fascynującym dla historyka i socjologa byłaby analiza donosów wysyłanych przez obywateli do urzędów bezpieczeństwa; studium takie byłoby też obrazem moralnych spustoszeń – nazywanych „łamaniem starego światopoglądu" – dokonanych w społeczeństwie przez Przodujący Ustrój.

Od samego początku stanowili komuniści znikomą mniejszość. I wiedzieli o tym. Pierwszych kilka lat ich rządów oficjalna historiografia przedstawia jako okres walki o władzę. Prawda to tylko częściowa. Szło bowiem nie tylko o utrzymanie władzy, ale i o nadanie jej określonego kształtu. Szło tedy nie tylko o sfałszowanie wyborów do Sejmu (styczeń 1947 r.), ale i o unicestwienie wszystkich niewygodnych elementów sceny politycznej; szło po prostu o likwidację tej sceny. Z systemu przymusowej koalicji i „klucza" w obsadzie stanowisk rodził się system nomenklatury.

Odpowiednikiem okresu walki o kształt władzy była trójsektorowość w gospodarce. Toteż zwrot w kierunku otwartej sowietyzacji musiała zapoczątkować „bitwa o handel", czyli likwidacja niezależnej spółdzielczości (o sektorze prywatnym już nie wspominając). Wkrótce potem – w atmosferze gwałtownego zaostrzenia konfliktu z Zachodem i anatemy rzuconej na Jugosławię – rozpoczęło się polowanie na czarownice w łonie parii komunistycznej. Jego efektem było wyklęcie Gomułki jako nosiciela odchylenia prawicowo-nacjonalistycznego, likwidacja PPS (tzw. „zjednoczenie ruchu robotniczego") i nowy kurs w polityce gospodarczej. Ogłoszono program kolektywizacji rolnictwa i wszczęto – kosztem konsumpcji – forsowną rozbudowę przemysłu ciężkiego podporządkowanego potrzebom zbrojeniowym, gwałtownie zaostrzono politykę represyjną („czujność" służyła jako uzasadnienie teorii „zaostrzającej się walki klasowej"). Tą drogą wkroczyły do Polski sowieckie wzory ustrojowe i edukacyjne. Zgodnie z nimi kształtowała się mentalność i filozofia polityczna komunistycznej elity władzy. Jakaż ona była?

Biuro Polityczne, ten wierzchołek partyjnej nomenklatury, miało mieć pełną – limitowaną tylko przez sowieckie preferencje – swobodę decyzji politycznej i gospodarczej. Wyposażony w zdolność rozumienia konieczności dziejowych i w doktrynalnie zadeklarowaną umiejętność reprezentacji interesu ogólnospołecznego, ośrodek kierowniczy nomenklatury był władny uzgadniać i przezwyciężać partykularne interesy, aspiracje i punkty widzenia. Skuteczność poczynań gwarantować mu miała sławna stalinowska „więź z masami", chociaż te wyimaginowane masy, obecne w przemówieniach partyjnych przywódców, niewiele miały wspólnego ze społeczeństwem realnym, realnie zakneblowanym, poddanym terrorowi i konsekwentnie demoralizowanym. Nomenklatura była aparatem władzy zorganizowanym na kształt piramidy. Totalitarny ład, oparty na karności i strachu, przeżerany był wewnętrznymi intrygami, typowymi dla struktur dworskich. Ludzi nomenklatury cechowało specyficzne widzenie świata. Wczorajsi konspiratorzy i więźniowie polityczni dziś wypowiadali swe przeświadczenie o „niedojrzałości" społeczeństwa. Twierdzili, zwłaszcza w poufnych informacjach na użytek aparatu, że masy nie są zdolne do uczestnictwa w podejmowaniu politycznych decyzji, bo pokutują w nich przeżytki burżuazyjnej świadomości. Robotnicy – powiadali – nie rozumieją jeszcze nowej epoki, nie pojmują mechanizmów funkcjonowania socjalistycznej gospodarki i klasowego charakteru prawa. Masy – dodawali – nie pragną burżuazyjnych swobód, lecz pokoju i porządku, dostatku i sprawiedliwości, a o to dba i troszczy się partia.

Ten paternalistyczny wywód zastępowany był oczywiście na publiczny użytek deklaracjami o respektowaniu wszystkich wolności obywatelskich, o funkcjonowaniu instytucji demokratycznych i rozkwicie praw człowieka, tak brutalnie gwałconych w kapitalizmie.

Aparat partyjny wychowywany w kłamstwie i strachu produkował odpowiedni typ aparatczyka i stosował stosowną selekcję. „Jest to selekcja – zacytujmy opinię Leszka Kołakowskiego – w której podstawowymi cechami dodatnimi jest brak inicjatywy, uległość względem zastanego porządku i względem osób reprezentujących ów porządek, konformizm i brak odwagi". Miał być tedy aparatczyk pilny i w pełni dyspozycyjny. Miał ślepo ufać swej zwierzchności. Miał godzić się z komunistyczną wykładnią zasady „cel uświęca środki", choćby cel był niejasny, a środkiem była pedagogika społeczna dopuszczająca okrucieństwo, obozy koncentracyjne i grozę egzekucyjnych plutonów. Nie dosyć tego. „Ideałem jest tutaj – pisał Stanisław Ossowski – być nieugiętym konformistą wobec obowiązujących aktualnie wzorów i opinii, tak jak gdyby miały obowiązywać na zawsze, a równocześnie być zdolnym do porzucenia ich w każdej chwili, gdy przyjdą takie dyrektywy".

W pracy codziennej aparatczyk pojmował swoje zadania jako tropienie odchyleń od norm ustalonych przez szefów, sprawne manipulowanie cytatami z klasyków i z przemówień przywódców. Z własnej aktywności intelektualnej przezornie rezygnował chcąc uniknąć zarzutu ,,mieszczańskiego indywidualizmu". Aparatczyk toczył walkę klasową i demaskował klasowego wroga – w tych formułach krył się proceder wymuszania postaw społecznej akceptacji konserwatywno-totalitarnego ładu zaprowadzonego na gruzach podmiotowego społeczeństwa. Wszelako ładem tym wstrząsały cykliczne kryzysy. Czego nauczył się z nich nasz aparatczyk?

Z kryzysu 1948 roku nauczył się o sowieckiej wszechwładzy w Polsce i o tym, że uczestnik gry politycznej w Przodującym Ustroju winien bacznie śledzić wahania moskiewskiej koniunktury.

Z kryzysu 1956 roku nauczył się jak opanowywać bunt podbitego narodu i przy pomocy szantażu sowieckimi czołgami zyskiwać społeczne poparcie.

Z kryzysu 1970 roku nauczył się, że poza Związkiem Radzieckim winien lękać się również polskich robotników.

Po sierpniu 1980 roku, jak zobaczymy, wszystkie te lekcje okazały się bezużyteczne.

Aparatczyk nauczył się także specyficznego języka. Specyficznego, gdyż – jak widzieliśmy – rozdwojonego. Język wewnętrzny nomenklatury różnił się istotnie od języka środków masowego przekazu, w którym samo słowo ,,nomenklatura" było kategorycznie zakazane. Nomenklatura miała dostęp do szerszej informacji, natomiast masy – tradycyjnie ,,niedojrzałe" – skazane były na serwis propagandowy mający kreować ,,pozytywne" nastroje. Było to zresztą jedno z wielu złudzeń aparatczyka, który sam najważniejszych informacji dowiadywał się z plotek lub audycji Wolnej Europy (jeden z członków Biura Politycznego oświadczył publicznie, że w ten właśnie sposób dowiedział się o sierpniowych strajkach). Język nomenklatury był tworem zwyrodniałym, był instrumentem okłamywania siebie i innych, był bełkotliwym szyfrem maskującym nieudolnie prawdę o rzeczywistości.

Prof. Janusz Reykowski, świadek niepodejrzany o sympatię do demokratycznej opozycji, pisał:

,,Każda grupa społeczna wypracowuje pewien swoisty sposób porozumiewania się, po którym rozpoznają się jej członkowie. (...) Język stanowi bardzo ważną podstawę klasyfikacji ludzi. Ci, którzy danego języka nie znają, którzy nie umieją się nim posługiwać, traktują mówiących nim jako obcych. Własny język wytwarzają także grupy rządzące. Język ten, jak każdy inny, służy nie tylko do opisu rzeczywistości, z którą dana grupa ma do czynienia, ale także do konsolidacji grupy. Pojęcia tego języka posiadają specyficzny sens w ramach sieci znaczeniowej dzielonej przez grupę. Dla tych, którzy do niej nie należą, może brzmieć jak rytualne zaklęcie obcej religii. Grupy rządzące w Polsce, tak jak inne analogiczne, posiadają od dawna swój specyficzny język. W ocenie odrębności tego języka nie powinien nas zwodzić fakt, iż jego słownictwo pochodzi z pewnego wspólnego zasobu. Ma on tak charakterystyczne cechy dystynktywne że brzmi dla szeregowych członków społeczeństwa równie obco, jak język dawnych klas wyższych dla klas niższych i *vice versa*".

Z przebywania w świecie języka nomenklatury, z sumy wiedzy o kryzysach przekazanej przez towarzyszy o dłuższym partyjnym stażu narodził się aparatczyk epoki gierkowskiej. Czym różnił się od swych starszych kolegów? Przede wszystkim dobrym samopoczuciem. Wolny był od strachu przed funkcjonariuszami X departamentu Ministerstwa Bezpieczeństwa Publicznego, co było cechą aparatczyka epoki stalinowskiej. Wolny był też od lęku przed kolejnymi atakami pasji Władysława Gomułki na podwładnych. Gierek był szefem dobrotliwym, żył dobrze i dawał żyć innym, zaś aparat bezpieczeństwa nie dokuczał już ludziom z nomenklatury. Ulotnił się etos konspiratora i dzielnego czekisty, w niepamięć zepchnięto teorię zaostrzającej się walki klasowej autorstwa Józefa Stalina i jeremiady Gomułki o warcholstwie Polaków. Zastąpił je kanon „moralno-politycznej jedności narodu" skupionego wokół partii pełniącej swą kierowniczą rolę. Rozkwitał „socjalizm we fraku", jak powtarzali później kąśliwie aparatczycy z „betonu". Sloganem dnia stało się: „aby Polska rosła w siłę, a ludzie żyli dostatniej". I żyli dostatniej – zwłaszcza ludzie z aparatu. Kredyty zachodnie finansowały kilkuletni społeczny spokój i umożliwiały elicie nomenklatury kontakty z szerokim światem. Aparatczyk dawno już powiesił w szafie swój czerwony ZMP-owski krawat. Ubrany w elegancki garnitur zaczął bywać w luksusowych lokalach, pijał wyklęte niegdyś coca-colę i whisky, palił papierosy marlboro, odwiedzał zachodnie stolice. Budował sobie – niezbyt legalnie – eleganckie wille, jeździł równie eleganckimi samochodami. Często dyskutował o odprężeniu i zbliżeniu między narodami. Taki był styl. Obraz szczęścia dopełniała propaganda sukcesu.

Nie wierzył tedy aparatczyk w potrzebę reform. Postulaty wolnościowe uważał za inteligenckie majaki; program reformy gospodarczej – za anachronizm. Jego ideałem było państwo funkcjonujące na podobieństwo sprawnej maszyny sterowanej przez mądrą i oświeconą centralę, a oparte na zachodniej technologii. Tak pojmował nowoczesność.

Odpowiadał mu teatralny wystrój partyjnych obrzędów, bo sprawiał złudzenie stabilności i siły. Znał dobrze mechanizm gier personalnych i intryg politycznych w centrali i czuł się w tym, jak ryba w wodzie. Nie zauważał przeto, jak i kiedy Gierek startujący tak obiecująco i wyposażony w robotnicze „pomożemy" zaczął tracić popularność. Uszła jego uwadze narastająca niesprawność i nieefektywność mechanizmu zarządzania gospodarką. Był niemile zaszokowany, gdy spostrzegł że zakupione nowe technologie – klucz do postępu – sprawnie funkcjonujące w krajach Europy Zachodniej, w Polsce gniły bezużytecznie. Był zdumiony, gdy spotkani po latach rozłąki koledzy szkolni okazywali mu nieufność i niechęć. Nie wiedział bowiem, że mechanizmy partyjnych karier i narastających lawinowo przywilejów nomenklatury nie były dla nikogo tajemnicą. Nie był też tajemnicą stopień degradacji duchowej ludzi, którzy się tymi karierami szczycili.

Słowem spijał nasz aparatczyk miody powszechnie niedostępne, żył we własnym świecie, mówił własnym językiem. I wierzył, że Polska rośnie w siłę, a ludzie żyją dostatniej. I wierzył, że Polska to aparatczycy.

Czewiec 1976 roku częściowo tylko wyleczył go z tych złudzeń. Nader łatwo uwierzył w „warcholską" interpretację buntu robotników Radomia i Ursusa oraz w zbawienne skutki gierkowskiego „manewru gospodarczego". Artykuły z opozycyjnych gazetek pełne przestróg, nie spędzały mu snu z powiek. „Najgorsze za nami" – powtarzał za Jerzym Łukaszewiczem. Utwierdzały go zresztą w tym poczuciu artykuły z *Trybuny Ludu* i programy telewizyjne, gdzie wszystko szło ku lepszemu.

I wtedy nadszedł sierpień. Cios był nokautujący – „robole" (jak pogardliwie zwykł był określać „warchołów") zakwestionowali prawowitość panowania jego szefów i jego samego. Rozpoczęło się wielomiesięczne trzęsienie ziemi.

Opisy tej epoki koncentrują się – zresztą zasadnie – na analizie relacji władza-społeczeństwo. Ciekawym jednak byłby opis tego czasu jako największego trzęsienia ziemi w dziejach nomenklatury. Trudno wyobrazić sobie, jak wielki strach owładnął ludzi nomenklatury. Manifestował się wszędzie: w oficjalnych przemówieniach i w prywatnych rozmowach, w prasowych artykułach i w kuluarowych plotkach. Aparatczycy, szukając remediów na kryzys i bunt, sięgali do swych politycznych doświadczeń. Usunięcie Gierka i jego ludzi otworzyło nowy etap walki o władzę. Ubiegali się o nią ludzie różni i przypisani do różnych personalnych koterii. Obraz, który ukształtował się w powszechnej świadomości, klasyfikował zwalczające się tendencje jako „umiarkowanych" i „beton". Nie był to zapewne wizerunek precyzyjny. Znaczna część aparatu chciała po prostu przeczekać czas burzy i naporu, zaś aparatczycy przypisani do dwóch grup nieraz znacznie różnili się pomiędzy sobą. Jeśli rezygnujemy z bardziej szczegółowych specyfikacji poprzestając na zarysie funkcjonującym w powszechnej świadomości, to uzasadnienia tej decyzji szukać należy w fakcie odwoływania się obu tendencji do opinii publicznej. Był to istotny znak nowych czasów – walka pomiędzy partyjnymi koteriami wyległa z utajonych narad na rozdyskutowaną ulicę. Ulica wszakże żyła czym innym – „Solidarnością". By zdobyć przeto zainteresowanie dla swych poczynań, uczestnicy wewnątrzpartyjnych konfliktów zaprezentowali ramowo dwa różne sposoby rozumowania i dwie różne wizje przezwyciężenia kryzysu. Czym się one różniły?

Początkowo, w pierwszych dniach i tygodniach, wszyscy aparatczycy zdawali się zgodnie sprzyjać odnowie, niezależnemu ruchowi związkowemu i porozumieniom sierpniowym. Istotne różnice ujawniły się podczas sporu o źródła kryzysu i ocenę polityki Gierka. Jedni – zwani „betonem" – koncentrowali się na krytyce personalnej. Uwięzienie Macieja Szczepańskiego, szefa radia i TV, jednego z najbliższych współpracowników Edwarda Gierka, rozpoczęło długą serię rozliczeń. „Beton" domagał się postawienia przed sądem kolejnych ludzi ekipy gierkowskiej, Jaroszewicza i samego Gierka nie wyłączając. Jednak sądzić ich chciano nie za łamanie swobód demokratycznych i prawa oraz za błędną politykę gospodarczą, lecz za kupowane samochody i nielegalnie budowane domki letniskowe. Tak pojmowane hasła rozliczeniowe, z których „beton" uczynił swój sztandar, kierowały uwagę opinii publicznej nie w stronę wadliwych mechanizmów, lecz na korupcję poszczególnych prominentów. Odwoływały się do uczuć zawiści i zaspokajały psychologiczną potrzebę rewanżu. Tej operacji towarzyszyły komentarze ideologiczne. Obwiniano Gierka o kapitulację przed „drobnomieszczaństwem" (nie precyzując przezornie treści zawartych w tym worku pojęciowym), o zgubny liberalizm wobec opozycji, o dezideologizację partii. Obwiniano go też o zaciąganie długów w bankach kapitalistycznych, które uzależniać miały politycznie PRL od zachodnich stolic. Jako przykład pozytywny przytaczał „beton" Związek Radziecki i inne kraje Przodującego Ustroju, gdzie do kryzysów politycznych nie dochodziło. Obwieszczając swą miłość do klasy robotniczej zorganizowanej w „Solidarności", „beton" jednocześnie ostro atakował działaczy Związku wywodzących się z przedsierpniowej opozycji demokratycznej, zwłaszcza z KOR-u. Posługiwano się w tym zbożnym dziele wszystkimi chwytami z arsenału antyinteligenckiej i antysemickiej nagonki marcowej w 1968 roku.

Pełen repertuar tych metod odnaleźć można na łamach tygodnika *Rzeczywistość*. Przypomnijmy: spiskowa wizja świata i antysemityzm, opluwanie wczorajszych przełożonych i przerzucanie na nich całej odpowiedzialności za kryzys, przedstawianie uczestników opozycji demokratycznej jako stalinowców i służalców Gierka, rozmiłowanie w zaglądaniu do cudzych portfeli i cudzych sypialń, prosowiecki serwilizm i antyzachodnia obsesja, prymitywizm umysłowy i fatalna polszczyzna. W deklaracjach ludzi „betonu" obecne były wątki demagogii uprawianej przez „Natolin" w 1956 roku i przez „moczarowców" w 1968 roku. Szukając bazy w partii, „beton" odwoływał się do „etosu" aparatczyka średniego szczebla z lat pięćdziesiątych; szukając bazy w społeczeństwie – odwoływał się do motłochu. Będąc produktem dzikiego strachu aparatu, obiecywał zagrożonym aparatczykom gwarancje bezpieczeństwa i restaurację autorytetu; w społeczeństwie szukał ludzi, którzy wynieśli z poprzednich epok poczucie krzywdy, duchowych rozbitków poszukujących dziś silnych autorytetów. Jednym i drugim oferował zaspokojenie potrzeb opisanych w studium Fromma o „ucieczce od wolności".

„Beton" harmonijnie łączył w sobie sowiecką agenturalność z faszystowską emocjonalnością. Zastanawiając się nad duchowością tych ludzi wciąż wspominałem słowa Adolfa Hitlera zanotowane przez Rauschninga. „Metody marksistowskie – powiedział Hitler – są po prostu najlepsze dla zdobywania mas. (...) Okrucieństwo imponuje. Okrucieństwo i surowa siła... Ludzie potrzebują uzdrawiającego strachu".

Można szczerze nie znosić Jaruzelskiego, Rakowskiego czy Barcikowskiego, można nie cierpieć ich obłudy i zakłamania, ale nie można twierdzić rozsądnie, że od „betonu" nic ich nie różniło. Pomijając poziom intelektualny, różnił ich nade wszystko świat wartości. Wizja „betonu" to model stalinowskiej władzy wzbogaconej o faszystowską ideologię; wizja Rakowskiego czy Barcikowskiego – określonych przez „beton" mianem nurtu „reformistyczno-likwidatorskiego", a przez swych zwolenników zwanych „nurtem reformatorskim" – to model komunistycznego absolutyzmu oświeconego. „Beton" wzorował swój model normalizacji na polityce Husaka; wzrok „reformatorów" skierowany był na Węgry i elastyczną politykę Kadara. „Beton" sięgnął do idei „moczarowców" z marca 1968 roku, „reformatorzy" do formuły Gomułki z epoki Polskiego Października.

Nie negując korupcji i błędów ekipy gierkowskiej, „reformatorzy" główną przyczynę kryzysów upatrywali w nieobecności mechanizmów „wczesnego ostrzegania" i w zaniechaniu reformy gospodarczej. Nie kredyty zachodnie – ich zdaniem – były błędem, lecz niewłaściwe gospodarowanie nimi. W polityce Gierka piętnowali raczej zakłamaną propagandę sukcesu niż względną tolerancyjność wobec opozycji demokratycznej.

Dla ‚betonu" Polska była faktyczną cząstką Związku Radzieckiego; „reformatorzy" chcieli ją widzieć usytuowaną – jak w epoce Gierka – na wielkiej scenie europejskiej polityki. Argumentacja „betonu" korzystała obficie z wzorów sowieckiej prasy i wpisywała się idealnie w podkulturę funkcjonariuszy aparatu bezpieczeństwa, aparatczyków średniego szczebla; wywody „reformatorów" obliczone były raczej na środowisko inżynieryjno-menadżerskie i inteligencję. „Beton" kokietował sowieckim poparciem i antyinteligenckim frazesem, egalitaryzmem i antysemicką aluzją; „reformatorzy" zaś – liberalizmem i wiarygodnością, reformą gospodarczą i obietnicą partnerskiego dialogu. Porównanie *Rzeczywistości* z *Polityką* daje obraz rozmiaru różnic.

Obie tendencje, tak „beton", jak i „reformatorzy", miały swoje „ekstrema". Ekstremą „betonu" było Katowickie Forum Partyjne i Zjednoczenie Patriotyczne „Grunwald"; ekstremą „reformatorów" były tak zwane struktury poziome. Pojawienie się tych pozastatutowych instytucji nie tylko dowodziło niesłychanej radykalizacji konfliktu w łonie PZPR, było również wyrazem postępującego procesu dekompozycji bazy nomenklatury. Spór koteryjny o władzę, przeobrażony w konflikt tendencji politycznych, teraz stawał się rebelią mas partyjnych przeciw nomenklaturze.

Zjawiska te, obserwowane z zewnątrz, sprawiały wrażenie marginesowych na tle wielomilionowej „Solidarności". Jednak perspektywa nomenklatury była odmienna. Dla zawodowego aparatu partyjnego, który przegrywał wszystkie wybory do instancji wojewódzkich i centralnych, był to koronny dowód, że oto dokonuje się kontrrewolucja.

W wyborach przepadli solidarnie aparatczycy „reformy" i aparatczycy z „betonu": Fiszbach i Grabski, Klasa i Żabiński, Dąbrowa i Kociołek. Wybierani byli ludzie nowi, pozbawieni politycznego oblicza i nieznani szerszej opinii. Ci byli – jak się miało okazać – nader podatni na konfrontacyjne hasła „betonu". Bez doświadczenia, łatwi do zamanipulowania i przestraszenia, stali się wygodnym instrumentam do radykalizacji napięć w łonie aparatu i w stosunkach z „Solidarnością". Tym ludziom łatwo było wytłumaczyć, że trzeba usunąć Stanisława Kanię wykazującego brak stanowczości, oraz że „Solidarność" pragnie im urządzić krwawą łaźnię. W ostatnich tygodniach 1981 roku „reformatorzy" zgodni byli z „betonem" w lansowaniu tej tezy. Znów różnił ich tylko spór o władzę.

Stosunek „betonu" do „Solidarności" był dość konsekwentny. „Beton" dawno już wiedział, że kontrrewolucji należy położyć kres. Inaczej „reformatorzy". Ci przebyć musieli długą drogę od formuły Rakowskiego – „szanować partnera" – do stanu wojennego i towarzyszących mu propagandowych obelg. O swej ewolucji od wiary w dialog po wiarę w uzdrawiającą moc czołgów mówił Rakowski wielokrotnie i chyba mówił szczerze. Gwałtowne wstrząsy społeczne zwykle wywołują tendencje do zmian w ludziach, którym wcześniej te zmiany wydawały się nieprawdopodobne. Ci sami ludzie z aparatu, którzy wierzyli w długotrwałość i stabilność polityki gierkowskiej, jesienią 1980 roku deklarowali szczerze swą wiarę w reformy i porozumienie. Nie czynili tego — przynajmniej na ogół — z powodu duchowej iluminacji, lecz z braku innego wyjścia. Powrót do zamordyzmu im samym wydawał się niemożliwy w chwili, gdy tłumaczyli aparatczykom, że tej „odnowy" nie da się przeczekać. Czemu zmienili zdanie?

Pisałem wcześniej o braku jasnego programu reformy i braku klarownej wizji „Polski zreformowanej". Nakładał się na to strach przed żywiołową falą żądań wolnościowych i rewindykacyjnych oraz postępująca dekompozycja PZPR. Brutalne ataki „betonu" zorkiestrowane były z pogróżkami sowieckich przywódców. Wszystko to znacznie studziło reformatorskie ciągoty. Najistotniejszą jednak rolę odgrywała nieskuteczność polityczna „reformatorów". Wynikało to nie tylko z ich nieudolności, ale — nade wszystko — z ich niewiarygodności. A przecież deklaracje woli reform i dialogu miały być sposobem na popularność!

Tymczasem głosy krytyki pod adresem rządu nasilały się, postulaty były coraz dalej idące, autorytet zaś coraz mniejszy. Wzrastała natomiast popularność „Solidarności" i Wałęsy. Kolejne pokojowe konfrontacje kończyły się klęską nomenklatury. Polacy popierali „Solidarność".

W czerwcu 1981 roku Rakowski oświadczył, że limit rządowych ustępstw został wyczerpany. Zanim strukturalne reformy polityczne stały się przedmiotem negocjacji! Od tej chwili szanse na kompromis zaczęły maleć. „Reformatorzy" powoli dochodzili do przekonania, że jedynym sposobem na obronienie władzy, podmywanej przez oddolny nacisk i atakowanej przez „beton", jest wojskowy zamach stanu. Ten akt przemocy nazywali obroną państwa przed jego rozpadem. U źródeł tej diagnozy stało zasadne przekonanie o własnej politycznej bezsilności. Tu tkwi sedno sprawy. Całkowita nieobecność PZPR w społeczeństwie, zwłaszcza w wielkich fabrykach, przekreślała szanse na polityczny kompromis. To ona nakazywała szukać innych źródeł siły.

Główną przyczyną zamachu 13 grudnia nie był radykalizm „Solidarności", lecz słabość bazy PZPR-owskiej. Nieszczęściem „Solidarności" była jej polityczna potęga i militarna słabość; sytuacja nomenklatury była dokładnie odwrotna.

Czyż można przeto dziwić się, że w tym stanie rzeczy „Solidarność" przestała być w oczach nomenklatury „partnerem", a stała się „przeciwnikiem", a wreszcie „wrogiem"?

Aparatczyk widział w „Solidarności" twór organizacyjny, w którym zamiast „myślenia w kategoriach klasowych" (czyli w kategoriach kierowniczej roli nomenklatury) rozpowszechnia się „abstrakcyjne myślenie w kategoriach chrześcijańskich i narodowych". Postrzegał Związek jako organizację wszystkich Polaków powołaną do obrony przed totalitarnymi uroszczeniami nomenklatury. W „Solidarności" – pisał aparatczyk – „tendencje anarchizujące (np. żywiołowość – rzeczywisty lub pozorny brak koordynacji i subordynacji w skali kraju) łączyły się z tendencjami totalitarnymi (surowa dyscyplina bez dyskusji, zastąpiona autorytetem przywódców lokalnych i presją zbiorowości)". Aparatczyka przerażała popularność i liczebność Związku. Środków zaradczych szukał w zaszczepieniu „Solidarności" nastrojów antyinteligenckich. Powiadał:

„Rozkłada ruch – zwłaszcza wpływowy, sprawujący pośrednio, a nawet już bezpośrednio władzę – masowy napływ koniunkturalistów; wczorajszych serwilistów, dzisiejszych «rewolucjonistów», «postępowców» i «odnowicieli». Wczoraj pasożytowali na odchodzeniu od elementarnej sprawiedliwości, korzystali z «elastycznego kursu», dziś pasożytują na walce o sprawiedliwość. (...) Zjawisko to dotyczy nie tylko jednostek, ale wręcz całych kręgów społecznych, np. niektórych środowisk i grup inteligencji «wolnych zawodów», urzędników, kadr zarządzających niższego i średniego szczebla. Ich motywacją jest bądź próba ucieczki przed społeczną weryfikacją źródeł ich prosperity, bądź też chłodna kalkulacja osłonięta odnowicielską egzaltacją".

Innych motywacji aparatczyk nie odnajdywał. Oskarżając inteligentów o karierowiczostwo i pogardę dla robotników, aparatczyk budował teorię:

„nieszczęście «Solidarności» – pisał – polega na tym, że jest to nurt powstały z robotniczego buntu, niezgody na niesprawiedliwość, zdominowany jednak psychologicznie i ideologicznie (...) przez grupy inteligencko-mieszczańskie, które, maskując ten grupowo-partykularny charakter, muszą oczywiście uciekać się do hasła solidarności narodowej".

Robotnicy zorganizowani w „Solidarności" byli dla aparatczyka doktrynalnie pozytywni, lecz doktrynalnie anonimowi, natomiast reszta była konkretna, nazywana często po nazwiskach, kwalifikowana jako nurt „umożliwiający jednostkom i grupom zgoła pasożytniczym, tym samym, które były bazą społeczną obalonej ekipy, werbalne przelicytowanie wszystkich w postępowości. Dążą one w istocie do cofnięcia lub odwrócenia przemian społecznych, co najlepiej osiąga się stając na czele przemian. Dążą do usankcjonowania i zalegalizowania swego partykularyzmu". Nie są to – przyznajmy – formuły jasne. Wszakże nie jasność była zamiarem ich twórców. Szło o rozbicie Związku od wewnątrz. Rozwijając przeto swe przemyślenia, aparatczyk objaśniał, że istnieją dwa rodzaje solidarności: robotnicza i drobnomieszczańska. Istotą solidarności robotniczej jest ścisłe zespolenie pracy, podziału i spożycia oraz namysł nad rozłożeniem na różne grupy społeczne kosztów kryzysu. Natomiast solidarność drobnomieszczańska, „reprezentowana przez niektórych robotników, inteligentów, intelektualistów, zawodowych działaczy ruchu", jest nacjonalistyczna i konsumpcyjna, żarłoczna i pazerna, anarchistyczna i totalitarna. Solidarność robotnicza „zmierza do lepszego zorganizowania pracy, do poprawy jej warunków, wydajności i efektów", natomiast drobnomieszczanin narzuca mit, że solidarność rodzi się w walce. Dlatego organizuje strajki i akcje protestacyjne. Kogo faworyzują te poczynania? zapytuje aparatczyk. „Czy tych, którzy lepiej pracują, czy tych, którzy pracują byle jak, ale solidaryzują się gorliwie?" Bowiem „drobnomieszczuch nie wypracowuje, ale wytargowuje, wydziera i przechytrza. Musi więc paraliżować cudzą pracę, gdyż ona podważa jego rację bytu".

Aparatczyk miał jednak świadomość – każdy dzień mu o tym przypominał – że „Solidarność" sterowaną przez „drobnomieszczucha" popiera przytłaczająca większość Polaków. Jak interpretował tę kłopotliwą rzeczywistość? W gazecie przeznaczonej dla aparatu partyjnego, latem 1981 roku, można było przeczytać na ten temat interesujące dywagacje:

„Większość nie jest tożsama ze społeczeństwem – pocieszał się aparatczyk – w zależności od układu sił politycznych i stopnia samouświadomienia poszczególnych grup może występować w i ę k s z o ś ć   r z e c z y w i s t a lub p o z o r n a. Więk-s z o ś ć   r z e c z y w i s t a istnieje i integruje się na podstawie obiektywnej wspólnoty lub zbieżności zasadniczych interesów społecznych, czego zewnętrznym wyrazem jest wspólnota wartości i symboli. W i ę k s z o ś ć   p o z o r n a powstaje wtedy, gdy kształtuje się więź i poczucie wspólnoty między grupami o rozbieżnych lub sprzecznych interesach, a podstawą umożliwiającą takie pozorne porozumienie staje się fałszywa świadomość co najmniej części jego uczestników".

Większość pozorna to większość psychologiczna (warunkowana przez wspólnotę potocznego myślenia) i sztuczna. W i ę k s z o ś ć s z t u c z n a – tłumaczył aparatczyk – to wspólnota i dominacja więzi wytworzonej w wyniku celowego przeciwstawienia pewnej sztucznie wyodrębnionej mniejszości – m n i e j - s z o ś c i p o z o r n e j. Czyż trzeba wyjaśniać, że w myśl tej aparatczykowskiej dialektyki łatwo dowieść, iż czarne jest białym? Jednak wywód cytowany – pochodzący z wspomnianej wcześniej książeczki Mirosława Karwata – godzien jest chwili namysłu. Stanowi obraz racjonalizacji aparatczyka broniącego sensu swego istnienia w momencie trzęsienia ziemi, jest źródłem wiedzy o stanie jego umysłu i o technikach automistyfikacji. Ten pokrętny wywód – twierdzę – jest dużo ciekawszy od późniejszych frazesów o ratowaniu państwa. To on obrazuje sposób myślenia o społeczeństwie ludzi nomenklatury, rozmiar ich izolacji i ich politycznej klęski. Dopiero uważna lektura tych nieudolnych krętactw objaśnia sens pogrudniowego wyznania Jerzego Urbana.

„Należałem do tych – pisał Urban w marcu 1982 roku – którzy jesienią ubiegłego roku pragnęli radykalnych środków zaradczych wobec opozycji i popierali zamysł ich użycia. Oczywiście wolałbym, żeby agonię kraju przerwała grupa agitatorów wysłanych z KC, nie zaś dywizje wojska. W apteczce stało jednak już tylko jedno, jeszcze nie zwietrzałe lekarstwo".

Pisał też: „bez zastosowania lekarstwa militarnego pacjent musiał umrzeć. (...) Agonię kraju spowodowała polityka potężnej opozycji".

Niezależnie od oceny merytorycznej słuszności tej diagnozy, niezależnie od znaku równości, jaki Urban stawia między „agonią kraju" a agonią nomenklatury, twierdzę, że Urban napisał to, co on i jemu podobni w rzeczywistości myśleli. Pod tymi słowami mógłby się podpisać zarówno Rakowski, jak Siwak.

Pisałem obszernie, co dzieliło tych ludzi. Wspomnijmy teraz krótko, co ich łączyło. Mówiąc najprościej: nie rozumieli języka społeczeństwa, którym rządzili. Dlatego partnerski dialog był dla nich bądź uprzejmym posłuchaniem poddanego u monarchy (Rakowski), bądź sprawnym przesłuchaniem podejrzanego u oficera Służby Bezpieczeństwa (Siwak). Inny kształt dialogu był dla nich niezrozumiałą abstrakcją.

Rakowski naprawdę uważał się za reformatora i nonkonformistę. Nie rozumiał wszakże, iż nonkonformizm dworaka nie ma nic wspólnego z nonkonformizmem obywatela. Tak było z wszystkim.

Rakowski i inni „reformatorzy" głosili poglądy, które za Gierka byłyby szczytem odwagi – dziś są po prostu anachronizmem. Bo oto przyszło nomenklaturze płacić za 37 lat totalitarnych rządów, za przelaną krew i wyrządzone krzywdy, za nędzę i za kulturalne niszczycielstwo. Oni zaś, wygłaszający teraz liberalne przemówienia, chcieli być kochani, pragnęli hołdów, oczekiwali posłuszeństwa. Ich wizja zreformowanego państw była tak atrakcyjna! Władza – wyrozumiała i łagodna; społeczeństwo – posłuszne i prawowite... A tu wciąż nowe żądania i postulaty; a tu – próba wyrwania coraz szerszych połaci życia spod władzy nomenklatury; a tu – chęć dostępu do środków masowego przekazu...

W tej sytuacji każdy artykuł o Katyniu jawił się jako zamach na sojusze, a samo istnienie niezależnej i samorządnej „Solidarności" było „kontrrewolucją".

Byli z pewnością w tym środowisku ludzie spoglądający szerzej i głębiej, pojmujący reakcyjny charakter struktur aparatu władzy i potrzebę autentycznych reform. Dowodziły tego niektóre przemówienia Fiszbacha, niektóre wypowiedzi Werblana, sporo artykułów Lamentowicza. Jednak w swej masie aparat składał się nie z teoretyków, lecz z żywych ludzi, ci zaś żywi ludzie twardo bronili swych pozycji. Byli przyzwyczajeni do przywilejów i apanaży związanych z rządzeniem. Władza była ich zawodem – bez niej byliby nicością. Czy Stanisław Kociołek – ponoć filozof – mógłby stać się nauczycielem w liceum warszawskim? Czy Stefan Olszowski – ponoć filolog – mógłby pracować jako redaktor w wydawnictwie? Nie. Każdy z nich przyjąłby to jako haniebną degradację. Oni musieli być sekretarzami lub generałami, ministrami lub – w najgorszym razie – ambasadorami. Nic innego nie umieli robić. Cóż przeto dziwnego, że kompromis i dialog były dla nich po prostu sposobami unicestwienia przeciwnika?

Jeśli coś może zdumiewać, to fakt, że przez 16 miesięcy potrafili się bez tego unicestwienia obejść. Ten wielomiesięczny kompromis może być źródłem nadziei na przyszłość.

Fałszywym byłby jednak obraz, na którym prącemu do konfrontacji aparatowi byłaby przeciwstawiona czysta i strzelista, łagodna i kompromisowa „Solidarność". Tę bajkę pozostawmy na użytek propagandowych przemówień. Tu stwierdźmy raz jeszcze, że w reakcjach ze światem władzy i w reakcjach z samą sobą „Solidarność" nie miała wypracowanej tradycji i strategii myślenia w kategoriach kompromisu. Była już o tym wcześniej mowa. Tu sprecyzujmy, o ile w kierowniczych gremiach Związku potrzeba szukania kompromisów była powszechna – chwilami może aż nazbyt... – o tyle młode załogi wielkich zakładów przemysłowych przemawiały językiem daleko bardziej radykalnym, językiem stanowczych i zaostrzających kurs żądań, w obliczu matactw aparatu władzy. Rozwiązania kompromisowe były powszechnie krytykowane, a ich zwolenników otaczała coraz większa nieufność.

Zastanówmy się – w samą logikę funkcjonowania „Solidarności" były przecież wpisane rozliczne sprzeczności. Będąc ruchem ogólnospołecznym, ruchem narodu „wybijającego się na podmiotowość", „Solidarność" przesądzała o wtórności wszystkich sporów i różnic w stosunku do konfliktu głównego: pomiędzy społeczeństwem a nomenklaturą. Wielokrotnie zarzucano nam, że posługując się taką dychotomią, niedopuszczalnie upraszczamy, a przez to fałszujemy rzeczywistość. Nie przyjmuję tego zarzutu. Sądzę, że – niezależnie od realnych sprzeczności interesów między grupami społecznymi czy zawodowymi, politycznymi, wyznaniowymi czy regionalnymi – podstawową sprzecznością totalitarnego państwa jest konflikt rządzących z rządzonymi.

To prawda, „Solidarność" drążyły i inne konflikty. Będąc pierwszą skuteczną dźwignią społecznych aspiracji, Związek zmuszony był podejmować problemy różnorodne i godzić w swym stanowisku dążenia często przeciwstawne. Było to nieuniknione. W społecznych nastrojach nieufność do aparatu zespolona była z przeświadczeniem o jego wszechsile i wszechodpowiedzialności za kryzys. Rodziło to postulaty niespójne: domagano się reglamentacji brakujących towarów, co było wyrazem żywiołowego egalitaryzmu i prowadziło do powiększenia zakresu władzy aparatu, a jednocześnie opowiadano się za reformą gospodarczą opartą na mechanizmach rynkowych, której konsekwencją musiał być wzrost zróżnicowania płac i uszczuplenie władzy nomenklatury. Jednak – choć sprzeczne z sobą – miały te postulaty wspólne źródło. Była nim niezgoda na praktykę polityczną nomenklatury, która łączyła w sobie antyegalitarny system zalegalizowanych i pozaprawnych przywilejów z premiowaniem fasadowości miast racjonalności. Z tej świadomości wyrastały też niemądre pomysły blokowania eksportu i ogólna wrogość do nie kontrolowanego handlu zagranicznego.

Dodatkowo – zwłaszcza w okresie walki o rejestrację „Solidarności" Rolników Indywidualnych – podsuwano działaczom robotniczym konflikt pomiędzy miastem a wsią wokół cen żywności. Jednak wszystko to, w okresie walki o demokratyczną reformę, było wtórne i schodziło na dalszy plan. Bowiem działanie na rzecz przywrócenia podmiotowości i praw obywatelskich jest zawsze czynnikiem nadrzędnym i realizacją wspólnego interesu różnych – nieraz dzielonych konfliktami – grup społecznych. Dlatego takie działanie nazywamy realizacją interesu ogólnonarodowego.

W nomenklaturze „Solidarność" widziała jednocześnie partnera i przeciwnika. Partnera – bo z nomenklaturą trzeba było dziesiątki spraw codziennie uzgadniać; przeciwnika – bo spod władzy nomenklatury kolejne sfery życia trzeba było wyrywać. W „Solidarności" naród polski uznał realizatora swych podstawowych interesów, dotąd bezkarnie gwałconych przez nomenklaturę. Efektem tego było niezwykłe poczucie narodowego zespolenia i poszukiwanie rodowodów w tradycji ruchów narodowowyzwoleńczych. „Solidarność" nie przyznawała się do żadnej tradycji partykularnej – chciała syntetyzować wszystkie autentyczne tradycje demokratyczne. Taka synteza jest trudna, tym bardziej że stan zespolenia nigdy nie jest trwały. Jedność narodowa – naturalna w momentach przełomu – kryje jednak w sobie liczne partykularyzmy i zalążki przyszłych konfliktów.

„Solidarność" była związkiem do walki o demokratyczną reformę i prawa człowieka. Demokratyczna reforma miała gwarantować wpływ większości na los narodu; prawa człowieka miały gwarantować pełnię praw mniejszości. Nasi krytycy mieli wszelako rację twierdząc, że jako organizacja do rządzenia państwem, wzbogacona w dodatku o aparat represji, „Solidarność" mogłaby stać się rychło strukturą autorytarną i antypluralistyczną.

Słyszę już pytanie: kto i kiedy twierdził, że „Solidarność" ma objąć władzę w państwie?

Odpowiadam: nikt i nigdy. Taka ewentualność wynikała jednak z samej logiki trwającego konfliktu. Samo pojawienie się „Solidarności" na polskiej scenie politycznej postawiło problem władzy na porządku dziennym. W samym sformułowaniu publicznego pytania o kształt Polski zreformowanej został zdefiniowany problem zakresu nomenklatury i kształt tak zwanej „kierowniczej roli partii". Brak jasnego porozumienia w tej sprawie między nomenklaturą a „Solidarnością" wiódł do licznych konfliktów zastępczych. Ogniskowały się one wokół sprawy dostępu Związku do środków masowego przekazu, wokół kompetencji samorządu pracowniczego czy statusu zakładowych organizacji PZPR. Brak zadowalających rozstrzygnięć – i kolejne prowokacje aparatu – musiały wieść ku pytaniu zasadniczemu: o mandat rządzącej nomenklatury. Postulat demokratycznych wyborów do Sejmu był już tylko prostą konsekwencją tego ciągu zdarzeń. Prostą i... fatalną!

Albowiem najbardziej nawet pokojowo i pojednawczo nastawieni ludzie z aparatu widzieli w tym zapowiedź kursu władzy. Klasy rządzące zawsze bronią swego panowania i ładu gwarantującego jego trwałość. Nie było powodu, by sądzić, że komunistyczna nomenklatura odda swą władzę dobrowolnie. Dotyczy to nie tylko Polski. W ZSRR i w Chinach, na Kubie i w Jugosławii funkcjonuje ten sam mechanizm samoobrony rządzącego aparatu. W Polsce jednak jest on wzbogacony o tezę, że odsunięcie od władzy partii komunistycznej tożsame jest z sowiecką interwencją. Tym argumentem obficie szermowali ludzie nomenklatury. Wbrew wielu moim przyjaciołom zgadzam się w tym przedmiocie z komunistami. Sądzę, że skuteczna próba odsunięcia komunistów od władzy spowodować musiałaby sowiecką interwencję. Ponieważ Zachód nie pospieszyłby Polakom z pomocą, Polska stałaby się cmentarzem.

W „Solidarności" – zwłaszcza w kierowniczych gremiach – te zagrożenia na ogół rozumiano. Jednak propaganda komunistyczna posługiwała się straszakiem sowieckim tak często i nagminnie, że argumenty te, powtarzane po raz setny, wywoływały już tylko pogardliwe wzruszenie ramion i złośliwy komentarz: „znów nas straszą!"

Bo tak też było w istocie. Nie dysponując sensowną argumentacją, aparat partyjny chciał zapewnić swe panowanie tym szantażem; chciał uzyskać efekt interwencji bez interwencji. Świadomość tego była powszechna. Postępujący rozkład partii – choć przecież nie struktur aparatu przemocy – sprzyjał upowszechnianiu się złudzenia, że „władza leży na ulicy". Braki w zaopatrzeniu wzmagały napięcie. Znaczna część Związku, choć chyba nieznaczna wśród przywódców, uwierzyła, że z konfrontacji z władzą „Solidarność" wyjdzie zwycięsko.

Prof. Reykowski – raz jeszcze wracamy do jego interesujących rozważań – miał rację opisując w tym kontekście „znieczulenie na sygnały niebezpieczeństwa". Cytując badania nad mechanizmem podejmowania błędnych decyzji przypomniał, że „u podstaw owych decyzji leżało drastyczne pogorszenie zdolności do prawidłowej oceny niebezpieczeństw, wynikające z silnego zaangażowania w sprawę, i mechanizmów tzw. grupowego myślenia – a więc takich, które mają szansę pojawiać się w sytuacji stresu psychologicznego".

Tę słuszną uwagę prof. Reykowskiego wzbogaca jednak dość absurdalny historyczny wywód. Posłuchajmy:

„We wrześniu 1831 roku, gdy armia Paskiewicza stała u wrót Warszawy i gdy pojawiły się możliwości korzystnych rozwiązań politycznych, przyjęto stanowisko, w którym było tyleż buńczuczności, co braku realizmu".

Jakież to możliwości „korzystnych rozwiązań politycznych" były we wrześniu 1831 roku w stosunkach polsko-rosyjskich, tego już prof. Reykowski nie precyzuje. Nic dziwnego – istniały one tylko w jego wyobraźni. Tak przed 150 laty, jak i w grudniu 1981 roku Polacy znajdowali się w sytuacji tragizmu niezawinionego – nie było już dobrych rozwiązań. Nie umiem odpowiedzieć na pytanie, czy w ostatnich tygodniach 1981 roku istniała szansa kompromisowych rozwiązań. Wygrywanie przegranych bitew na papierze uważam za zajęcie jałowe. Wiem natomiast, że aparat nie uczynił nic, by kompromis stał się możliwy. I wiem, że przeświadczenie o zupełnej bezsilności władzy komunistycznej było wielkim złudzeniem działaczy „Solidarności".

Powtórzmy jednak: nie brak umiarkowania, lecz nadmiar sił oślepił „Solidarność". Wierzyć – dziś jeszcze – w kompromisowe intencje komunistów podczas jesiennych rozmów, to wierzyć, że śledź jest koniem wyścigowym. „Solidarność" mogła, owszem, skapitulować. Na to jednak nie pozwolił jej przywódcom nie żaden radykalizm, tylko zwykły rozsądek. Plany protestacyjne i postulaty były nakierowane na wzmocnienie pozycji negocjacyjnej Związku. Nomenklatura jednak nie chciała już negocjować. Dlaczego?

Nad poczuciem politycznej bezsiły unosił się strach przed społecznym żywiołem zespolony z brakiem rozeznania. Uchwalony w „Olivii" program Samorządnej Rzeczypospolitej jasno formułował cele Związku. Jednak dla żywiołowo konstytuującego się ruchu program ten nie stanowił dostatecznego limitu. Wszyscy powtarzali formułę o „samooograniczającej się rewolucji", ale wszyscy żyli konkretnymi konfliktami z aparatem. Program był deklaracją intencji ruchu; codzienny konflikt był jego rzeczywistością. Konflikt miał określoną aurę. Kompromitacja komunistycznych rządów była oczywistością. Publikowana przez partyjną prasę dokumentacja korupcji gierkowskich prominentów wciąż dolewała oliwy do ognia. Wyszukując „kozłów ofiarnych", ludzie „betonu" głosili potrzebę szybkich procesów rozliczeniowych. Ta stara i wypróbowana metoda Stalina obracała się tym razem w swoje przeciwieństwo – miast rozładowywać napięcie, tworzyła nowe. Emocje i resentymenty, latami blokowane przez konformizm i strach, buchnęły teraz z niezwykłą siłą. Oficjalne kanały informacyjne były doszczętnie pozbawione autorytetu i wiarygodności. Bunt – przestrzegając form pokojowych – przybierał wymiar totalny. Brak wiary w intencje i zdolności reformatorskie nomenklatury zespolił się z całkowitą negacją partyjnej ideologii, która obnażyła się jako obronny kamuflaż zagrożonych przywilejów. Ten powszechny kryzys zaufania – z wolna obejmujący także Wałęsę i kierownictwo Związku – sprzyjał chaosowi umysłowemu i swoistej infantylizacji, zwiększał podatność na słowa demagogiczne i na zwykłe plotki. Rodziły się najdziwniejsze pomysły polityczne i reformatorskie wśród „nowych radykałów". Groźnie rozkwitała policyjna prowokacja. Wśród rozkładu i rozpadu tradycyjnych struktur nomenklatury sam bieg wydarzeń stawiał przed „Solidarnością" pytanie o władzę, choć ona sama sobie nigdy tego pytania nie sformułowała.

Rakowski wciąż powtarzał: „wy chcecie władzy!" Z punktu widzenia zgodności tego twierdzenia z rzeczywistością – było ono fałszywe. Z punktu widzenia wewnętrznej logiki rozumowania nomenklatury i przewidywanego ciągu wydarzeń – lęk Rakowskiego był zasadny. Pomińmy hipotetyczne rozważania na temat: co by było, gdyby „Solidarność" objęła władzę. Stwierdźmy tylko, że nie będąc na taką ewentualność przygotowana, nie dysponowała żadnym programem. Wizja Samorządnej Rzeczypospolitej była programem cywilnego społeczeństwa i do statusu programu rządowego nie mogła aspirować. Nie jest tedy wykluczone, że sięgając po władzę „Solidarność" stanęłaby również wobec dramatycznych dylematów w sferze polityki gospodarczej. Nie da się wykluczyć i tego, że rozłam w Związku stałby się nieuchronną rzeczywistością. Najważniejsze jednak jest to, że „Solidarność" byłaby faktycznym monopolistą – czego skutki mogłyby być opłakane.

Powtórzmy wszakże – są to księżycowe domysły i obawy. Warto być ich świadomym, ale nie warto zastępować nimi namysłu nad dylematami kierownictwa „Solidarności" z końca 1981 roku. Przywódcy Związku – choć spośród ich grona ujawnić się mieli także karierowicze, tchórze lub wręcz agenci – po 13 grudnia reprezentowali wysoki poziom intelektualny i polityczny. Ci ludzie, w swej większości pozbawieni doświadczenia i wczoraj jeszcze anonimowi, uczyli się wiedzy o polityce szybko i umiejętnie. Wśród niezwykle skomplikowanych pułapek stawianych przez codzienność, zdawali w sumie bardzo dobrze swój historyczny egzamin. Jednak podstawowej kwadratury polskiego koła nawet oni nie byli w stanie rozwiązać. Nawet oni nie umieli znaleźć wyjścia z konfliktu pomiędzy żywiołowymi naciskami związkowych mas, które coraz trudniej było kontrolować, a prowokacyjną i konfrontacyjną postawą aparatu władzy, którą coraz trudniej było ignorować.

Twierdzę uparcie, że z tego dylematu nie było wyjścia. Dalsze ustępstwa byłyby rozzuchwaliły aparat władzy i zdemoralizowały Związek, atak i tak by nadszedł, ale dziś nie byłoby „Solidarności".

Kompromis był niemożliwy. Nie zadecydowała o tym ani radykalna postawa Komisji Krajowej, ani nawet zła wola Jaruzelskiego. W ówczesnej sytuacji Wałęsa skazany był na radykalizm, a Jaruzelski na złą wolę. Przesądziła o tym – znów powtórzmy – bezsilność polityczna nomenklatury i potęga „Solidarności".

Ale nie tylko. Asymetrii w układzie sił pomiędzy partnerami kompromisu towarzyszyła niejasność w określeniu jego płaszczyzny. „Porozumienie" jest zawsze pustym słowem, jeśli nie zostanie jasno określony jego przedmiot, cel i zakres. Wspólnym mianownikiem wszystkich propozycji rządowych było wpisanie „Solidarności" w tradycyjno-totalitarne struktury i instytucje. Zgoda na to była akceptacją totalitarnych reguł gry i śmiercią „Solidarności".

Z kolei Związek – mimo licznych werbalnych deklaracji Wałęsy i innych przywódców – nie był w stanie jasno zakreślić granic swych aspiracji. Z punktu widzenia nastrojów społecznych – było to niemożliwe, z punktu widzenia rachuby na porozumienie z nomenklaturą – było to niezbędne. Można jednak wątpić, że byłoby to wystarczające dla wynegocjowania porozumienia. Na przeszkodzie stał bowiem brak wspólnego języka. Przedstawiciele rządu wciąż powtarzali, że podmiotem władzy w Polsce jest klasa robotnicza. Mieli na myśli swoją legitymację do rządzenia. Jednak załogi robotnicze wyciągnęły z tego odmienne wnioski. Dyktatura proletariatu, co w przekładzie na język codziennych zdarzeń znaczyć miało, iż robotnicy mają słuchać poleceń partyjnych aparatczyków, stała się faktem w okresie strajków sierpniowych. Zbuntowany proletariat podyktował swoje warunki. Komunistyczna władza utraciła swą ideologiczną legitymację. Jednak ideologii nie wyrzekła się i wyrzec nie mogła.

To dogłębne zakłamanie mąciło klarowność stanowisk i rzetelny dialog czyniło niemożliwym. Komuniści żądali uznania socjalizmu i kierowniczej roli partii, lecz nie precyzowali, co te pojęcia oznaczają. Mówili o „odnowie" unikając rozmów o demokratycznej reformie. Nade wszystko jednak odmawiali dyskusji o samej nomenklaturze.

Tymczasem był to problem centralny. Władza nomenklatury, jej kształt i zakres – w tym tkwiła istota konfliktu. Ujawniała się w każdym sporze konkretnym, lecz nigdy nie została zwerbalizowana jako przedmiot ugody. Dlatego argumenty zastąpione zostały przez pałki. Skoro „Solidarność" nie musiała lękać się siły politycznej nomenklatury, zaś nomenklatura świadoma była bezsiły militarnej społeczeństwa, skoro nie było wspólnego języka dla nazwania istoty konfliktu i określenia pola rozwiązań kompromisowych – żadne zaklęcia nie mogły powstrzymać konfrontacji.

W systemie opartym na państwowej własności środków produkcji pytaniem nadrzędnym – zauważmy – jest zawsze p y t a n i e   o w ł a d z ę   w   p a ń s t w i e, czyli o w ł a d z ę   n a d   t ą   w ł a s-n o ś c i ą. W naturze komunistycznego totalitaryzmu leży pełna koncentracja władzy i własności. Niepaństwowe organizmy wytwórcze (prywatne lub spółdzielcze) poddane są niszczycielskiej presji, bowiem ich istnienie uniezależnia poszczególne grupy społeczne spod wszechwładzy aparatu. Dlatego spór o kształt przedsiębiorstwa jest w swym jądrze fragmentem sporu o kształt systemu. Postulat przedsiębiorstwa samorządnego jest zaś śmiertelny dla totalitarnego ładu nomenklatury.

Przeciwnicy idei samorządu widzą w niej podstęp wroga klasowego bądź urojenie doktrynerskiego umysłu. Powiadają, że nie funkcjonuje w świecie żadna gospodarka oparta na władzy samorządu w przedsiębiorstwie.

Rezygnując ze sporu zaznaczmy jednak – tej idei nie wymyślili księżycowi intelektualiści, lecz powraca ona od dawna jako postulat licznych odłamów ruchu robotniczego. Kiedy komuniści wyklinają „anarchosyndykalizm" sygnalizują opinii, że idea samorządu powraca jak upiór. Czy jednak gospodarka oparta na samorządzie może funkcjonować efektywnie? Od odpowiedzi na to pytanie zależy przyszłość idei demokratycznego socjalizmu.

Nie tylko w Polsce. Warto przypomnieć, że jeden z najostrzejszych sporów podczas rządów lewicowej koalicji w Chile tyczył kształtu znacjonalizowanych przedsiębiorstw. Czym mają być: własnością pracowników zorganizowanych w samorząd czy własnością państwa zarządzaną przez mianowany aparat? Rządząca chilijska lewica – pamiętamy – parła do dyktatu aparatu państwowego w gospodarce, co przekreśliło możliwość kompromisu z chadecją optującą za rozwiązaniem samorządowym. Zastanawiając się nad katastrofą chilijską Leszek Kołakowski zanotował:

„Kraj w stanie gwałtownego wrzenia i kryzysu gospodarczego, podzielony niemal równo między trzy obozy polityczne, z lewicą, która nie mogła zdobyć poparcia ani niższych klas średnich, ani nawet całej klasy robotniczej, a której to lewicy część parła ku despotyzmowi rewolucyjnemu. Powstała sytuacja, z której dobrego wyjścia nie było (oprócz, być może, cudu w postaci natychmiastowej i gigantycznej pomocy gospodarczej z zewnątrz, do czego, rzecz jasna, nie kwapiły się żadne mocarstwa, choć każde z innych powodów). Dyktatura lewicy nie była technicznie możliwa, gdyby była możliwa (czego nie można wykluczyć w innym kraju i nieco innych okolicznościach), mogła była przez mgnienie oka tworzyć złudzenie dyktatury proletariatu, aby rychło przeobrazić się w despotyczne rządy biurokracji jednej zwycięskiej partii i policji. Drugą możliwością była dyktatura militarna prawicy i ta właśnie stała się ciałem.

Ten sam złowrogi schemat może się powtórzyć gdzie indziej w sprzyjających okolicznościach i to z tym większym prawdopodobieństwem, im bardziej rozwinięty przemysłowo byłby kraj dotknięty analogicznym kryzysem. Wyjście zależy od licznych warunków wewnętrznych i międzynarodowych, ale schemat scenariusza jest napisany nie przez CIA ani KGB, ale przez naturę zjawisk społecznych. W sytuacjach, w których ruchy socjalistyczne nie potrafią zdobyć znacznego poparcia klas średnich, kryzysy będą rodziły poparcie lub życzliwą neutralność tych klas dla rozwiązań oferowanych przez ruchy faszystowskie lub wojsko. Reszta zależy od organizacji, pomocy zewnętrznej czy boga przypadku. Jeśli jednak sytuacja podobna do chilijskiej powstaje, szanse znośnego wyjścia są już przekreślone".

Sytuacja polska była w jakimś sensie odwrotnością chilijskiej – na pierwszy rzut oka jedyną analogię odnaleźć można w roli wojska. Tych analogii było wszakże więcej. Oprócz licznych podobieństw formalnych – zainteresowanych odsyłam do prac o chilijskim kryzysie – dostrzec można pewne podobieństwo natury strukturalnej. Wydaje się otóż, że każdy kryzys, rodząc szansę reform, produkuje zarazem zagrożenie nawrotu form despotycznych. Despotyzm może być wynikiem poczynań zwycięskiej rewolucji (Nikaragua, Iran) lub represyjnego rewanżu kontrrewolucji klas panujących (Chile, Polska). Warunkiem niezbędnym tedy pokojowej realizacji przeobrażeń społecznych czy politycznych jest osiągnięcie kompromisu sił postulujących reformy ze skłonnymi do ugody odłamami klasy rządzącej. Kompromis taki powiódł się w Hiszpanii, jego skutkiem była transformacja frankistowskiego despotyzmu w system parlamentarnej demokracji. Czy analogiczny kompromis możliwy jest do wyobrażenia w Przodującym Ustroju, w Polsce?

Od odpowiedzi na to pytanie zależy przyszłość naszego kraju.

Bowiem lekcję 13 grudnia można odczytać na dwa sposoby. Jeden z nich sprowadza się do przeświadczenia: nigdy i nigdzie nie należy zasiadać do wspólnego stołu z komunistami; nie należy ufać nawet jednemu ich słowu ani też podpisywać z nimi żadnych porozumień. Ten sposób czytania lekcji grudniowej dyktuje rozum analityków niedawnej przeszłości i emocje ludzi okłamanych.

Drugi sposób odczytywania przeszłości zasadza się na przekonaniu, że przyszłe kompromisy – jeśli mają być realne – muszą przyjąć za punkt wyjścia rzeczywiste i precyzyjnie nazwane interesy układających się stron, a nie pomieszczone w konstytucji frazesy o władzy ludu. Za takim odczytywaniem minionych kart naszej najnowszej historii przemawia przypuszczenie, że dopóki nie zmieni się zasadniczo sytuacja międzynarodowa lub też nie dojdzie do niewyobrażalnych dziś zmian w ZSRR (co zresztą na jedno wychodzi), dopóty Polacy, także rządzący Polską komuniści, będą zmuszeni rozstrzygać swe konflikty metodą kompromisów. Nie oznacza to oczywiście wiary, że partnerski status będzie Polakom przez komunistów ofiarowany w zamian za pokorę i lizusostwo. Nie. My musimy go sobie wywalczyć. Będzie ta walka kosztować wiele wyrzeczeń i cierpień. Aliści to, co cenne – a sprawiedliwe porozumienie i wolność to wartości bezcenne – kosztować musi... To prawda. 13 grudnia postawy „współistnienia i współdziałania wśród konfliktów" musiały zostać zastąpione postawami samoobrony przed represyjną totalitarną dyktaturą. Nasi generałowie i sekretarze mają poczucie zwycięstwa i chwalą się swymi tryumfami. Czują się bezpieczni i pewni siebie. Obrzucają nas kłamliwymi obelgami, znów wierząc w kreatywną moc swych słów. „Najgorsze za nami" – powtarza często Wojciech Jaruzelski.. Otóż nie, panowie! Najgorsze p r z e d wami. Przed wami kolejne wstrząsy, kolejne wybuchy, kolejne kryzysy władzy. Nie jesteście już zdolni do żadnego dialogu, bo wam dialog całkiem już pomylił się z dyktatem lub przesłuchaniem, a wiarygodność pojmujecie wyłącznie jako siłę swej policji. Dlatego deklarujecie: „jeszcze raz z całą stanowczością mówimy rodzimej destrukcji i anarchii, kontrrewolucyjnym awanturnikom osłaniającym demagogicznymi słowami brak jakiegokolwiek pozytywnego programu: nie będzie porozumienia z wrogami socjalizmu. Walka zostanie doprowadzona do końca, do całkowitej klęski antysocjalistycznych sił i haseł" (Józef Czyrek, 13 maja 1985 r.).

Te słowa dowodzą, jak głęboko została pogrzebana idea kompromisu. Dodajmy – także po naszej stronie. Nie zmienią tego pojednawcze deklaracje Wałęsy czy apele Prymasa i Episkopatu. Nikt spośród działaczy „Solidarności" nie wierzy dziś w dialog i kompromis z autorami zamachu grudniowego. Także ja w to nie wierzę.

Ale ci ludzie nie są wieczni. Trudno określić, jak prędko i w jakich okolicznościach, jednak z całą pewnością zaczną oni odchodzić na zasłużony odpoczynek. Pozostanie Polska – kraj nie rozwiązanych problemów i jątrzących krzywd. I pozostanie wciąż to samo pytanie: czy kompromis jest możliwy? Czy Polacy zdołają wypracować własną, pokojową i ewolucyjną drogę ku demokracji? Czy powiedzie im się to, co powiodło się Hiszpanom, Grekom i Argentyńczykom?

Niezależnie od odpowiedzi na te pytania myślę, że idea porozumienia musi się odrodzić. Wtedy – być może – niedawna przeszłość będzie inaczej wspominana. Ludzie nomenklatury może przypomną sobie, że w tych miesiącach nie zginął ani jeden człowiek i nie wybito ani jednej szyby. Może pamięć przyniesie im obraz tego czasu jako epoki konfliktów wiodących do negocjacji, a nie do szarż policji na bezbronne tłumy. Zaś ludzie „Solidarności" wspomną może nie tylko obelgi i prowokacje, ale zakres praw, jakimi mogli się cieszyć, możność samooorganizacji, szkołę dialogu o sprawach najważniejszych w zakładzie, w regionie, w państwie. Może właśnie wtedy, wśród napięć i konfliktów, wśród poszukiwania dróg do przełamania impasu w stosunkach władzy ze społeczeństwem, bezcennym skarbem wyda się niekonfrontacyjna, spokojna i wyważona linia Tymczasowej Komisji Koordynacyjnej i Lecha Wałęsy. Tak może być. Ale wcale tak być nie musi. Może okazać się raz jeszcze, że za swą egoistyczną politykę aparatczycy wystawią rachunek pisany polską krwią.

VIII

POROZUMIEWAĆ się mogą tylko zorganizowane siły społeczne. Cechą totalitarnych systemów jest unicestwienie prawa do samoorganizacji. W tych ustrojach zorganizowany jest tylko aparat władzy. Nie ma przeto miejsca na żadne porozumienia – zastępują je działania aparatu na rzecz unicestwienia wrogów klasowych, rasowych czy państwowych. Społeczeństwo cywilne przestaje istnieć – nazywano to destrukcją społeczeństwa czy też przekształceniem narodu w ludność. Rzecz wszakże ma swoje niesemantyczne konsekwencje: w chwilach napięć naprzeciw zorganizowanej władzy staje rozbite, zespolone tylko instynktem tłumu, społeczeństwo. Sierpień 1980 roku odróżniał się od wszystkich innych kryzysów dwoma istotnymi cechami. Po pierwsze, był poprzedzony czteroletnią akcją społeczną, polityczną i kulturalną demokratycznej opozycji. Po wtóre, strajkujący robotnicy ukonstytuowali się w niezależny i samorządny organizm.

Aparat władzy miał przeto do czynienia z partnerem zorganizowanym, nie zaś, jak w Poznaniu w 1956 roku czy w grudniu 1970 roku, ze zbuntowanym żywiołem i awanturniczym tłumem. Zwrócić wypada uwagę na paradoks. W sytuacjach stabilnych totalitarny aparat widzi w niezależnej i zorganizowanej grupie obywateli wyłącznie grono przestępców kryminalnych; dla tegoż aparatu wszelako – w chwili kryzysu – istnienie takiej struktury bywa ostatnią szansą. Tak było w Sierpniu.

Przeto kto pragnie dążyć do Polski opartej na dialogu i kompromisie, ten winien uczynić dzisiaj wszystko dla umocnienia struktur organizacyjnych „Solidarności". Jeśli chcemy porozumienia – musimy być stroną i zorganizowanym partnerem.

Takie rozumowanie podyktowało przywódcom „Solidarności" powołanie do życia w kwietniu 1982 roku Tymczasowej Komisji Koordynacyjnej. Władysław Frasyniuk mówił wtedy:

„Widzę szanse porozumienia jedynie wtedy, gdy naprzeciw władzy będzie silne, zorganizowane i zdecydowane społeczeństwo. Tylko z takim będzie ona rozmawiać".

Podobnie wypowiadali się Zbigniew Bujak i Bogdan Lis. Po trzech latach formuły te zachowują pełną aktualność.

Zepchnięta do podziemia „Solidarność" zachowała swoje zasadnicze cechy. Zachowała swą specyfikę związku zawodowego będącego ruchem społecznym oraz swą niezależność. Taki sens ma linia TKK, zespalając w sobie dążenie do obrony interesów świata pracy z szeroką formułą ciągłości instytucji społeczeństwa cywilnego. Próby przeciwstawienia kierownictwa Związku Episkopatowi, a „Solidarności" Kościołowi katolickiemu (podejmowane jednocześnie, choć z odmienną intencją, przez nomenklaturę i niektóre środowiska niezależne) oparte są po prostu na nieporozumieniu.

Wszelkie próby – a pojawiały się takie nieraz wśród krytyków „Solidarności" – utożsamiania biskupów katolickich z reprezentacją polityczną społeczeństwa polskiego przeciął Prymas Józef Glemp. Stwierdził on:

„Kościół nie może zaspokoić wszystkich dążeń narodu. Może je zaspokoić w zakresie społecznym przez tworzenie duszpasterstwa poszczególnych grup ludzi. Natomiast, żeby odpowiedzieć na aspiracje polityczne – tego Kościół nie jest w stanie uczynić, bo Kościół nie posiada programu politycznego w znaczeniu przyjmowanym dziś powszechnie w sferach władzy. Podjęcie zaś programu innej grupy społecznej powodowałoby podporządkowanie się Kościoła tej grupie" (luty 1985 rok).

Mimo pewnej nieklarowności sformułowań, intencja Prymasa jest przejrzysta: nikt nie powinien liczyć na to, że Kościół zejdzie z drogi duszpasterskiej na niebezpieczną ścieżkę opozycji politycznej. Wydaje się, że taki sens ma obawa Prymasa przed podporządkowaniem Kościoła bliżej nieokreślonym „grupom". Znając historię Kościoła, trudno odmówić zasadności obawom Prymasa.

Stwierdźmy przeto – Kościół i „Solidarność" funkcjonują w różnych sferach polskiej rzeczywistości. Nieraz te sfery zazębiają się (np. w sprawie obrony prześladowanych za przekonania), nigdy jednak nie stają się tożsame. Wyliczanie wszystkich znaczeń Kościoła w Polsce byłoby zbędną pedanterią, przywódcy „Solidarności" zawarli je w zwartej formule – „najwyższy autorytet moralny". To jest oczywiste. Jest wszakże równie pewne, że w chwili brutalnych ataków na Kościół podkreślić trzeba pełną niezależność poczynań „Solidarności" i jasno wyartykułować, że Episkopat nie może ponosić za te poczynania żadnej odpowiedzialności. „Solidarność" bowiem jest w pełni samorządna i w pełni niezależna – także od Kościoła.

Dla nomenklatury Związek jest organizacją przestępczą. Trudno się temu dziwić. Istnienie niezależnych instytucji społecznych godzi w istotę totalitarnego ładu, zaś zasięg ich funkcjonowania wskazuje na iluzoryczność planu stabilizacji poprzez represje. Odrzucając kompromis, aparat władzy widzi w instytucjach niezależnych śmiertelnego wroga. My zaś widzimy w nich artykulację żywotności polskiego społeczeństwa, obraz jego różnorodnych tendencji i szkołę demokracji. Widzimy w nich także najlepszą ze znanych nam metodę samoobrony społecznej, opartą na rekonstrukcji więzi międzyludzkich, na budowie własnego obiegu komunikacji, informacji i refleksji. W ten sposób każdego dnia, każdą niecenzurowaną gazetą i książką, każdą kasetą i każdą rozmową konstytuuje się i utrwala polska podmiotowość. Najbardziej widzialnym jej symbolem, dla Polski i dla świata, stała się – niewidzialna, a przecież wciąż obecna – Tymczasowa Komisja Koordynacyjna.

TKK – jak pamiętamy – funkcjonuje od kwietnia 1982 roku. Uważając ten organizm za efemerydę, Jerzy Urban już bezpośrednio po demonstracjach z 31 sierpnia tego samego roku ogłosił załamanie się podziemnej „Solidarności".

Innego zdania na ten temat jest ekspert Ministerstwa Spraw Wewnętrznych, mjr Jerzy Żyżelewicz, który w pewnym opracowaniu napisał:

„Wydarzenia z 31 sierpnia 1982 r. zamknęły pierwszy okres działalności powstałych struktur opozycji politycznej. Od tej chwili struktura podziemia zaczęła się umacniać. Funkcjonować poczęła poligrafia, działali łącznicy, kurierzy, kolporterzy, rozwijała się współpraca z zagranicą".

Obecnie, w kwietniu 1985 roku, Urban pisał:

„Od trzech lat z okładem Zbigniew Bujak, przywódca tzw. TKK, siedzi w podziemiu coraz bardziej zapomniany przez swych zwolenników i przez przeciwników również. Odnoszę wrażenie, że nawet Służba Bezpieczeństwa nieco już o nim zapomniała, uznając, że ma ważniejsze zajęcia poszukiwawcze albo, że on sam siebie lepiej izolował od świata, niż można to zapewnić w więzieniu".

Ironii towarzyszy liryzm. Zdaniem Urbana, Bujak jest w „beznadziejnym położeniu politycznym". „Wie – poetyzuje Urban – że karty, które trzymał w ręku, i którymi grał, rozwiał wiatr historii". „Żyje w krainie mitów, mistyfikuje rzeczywistość, (...) staje się pozostałością innej epoki, żywą skamieliną". Informuje też Urban o „agenturalnym coraz bardziej charakterze politycznej konspiracji w Polsce" – to dla krajowego czytelnika. Prezydenta Reagana natomiast uświadamia, iż Bujak „pogrąża się w tak dziecinnej imaginacji, że na te jego zamiary nikt nie powinien stawiać i wysyłać mu choćby jednego dolara".

Urban powtarza się. Od wielu już miesięcy słyszymy to samo: „Solidarność" to pozbawiona znaczenia grupa ekstremistów. Nie przypuszczam, by rzecznik prasowy rządu PRL opierał się wyłącznie na własnej intuicji. Sądzę, że czerpie nie tylko natchnienie, ale i wiedzę z raportów Ministerstwa Spraw Wewnętrznych. Zacytujmy przeto raz jeszcze ekspertyzę mjr. Żyżelewicza, załączoną jako materiał dowodowy do akt sprawy przeciwko Lisowi, Michnikowi i Frasyniukowi. Pisze ekspert z MSW:

„Powstanie TKK, a następnie utworzenie regionów zwiększyło w znacznej mierze możliwości rozwoju różnych form i metod oddziaływania na określone środowiska społeczne. Struktury konspiracyjne w zasadzie grupują się w środowisku zakładów pracy. Stosunkowo silne grupy konspiracyjne funkcjonują w środowiskach lekarskich, nauczycielskich, akademickich oraz prawniczych (adwokaci).

Wskazując formy i metody działania należy wymienić:

1. Wydawnictwa i ich kolportaż – mieści się w tym:
   a) produkcja i kolportaż różnego rodzaju pism ulotnych,
   b) druk i kolportaż organu własnego, jeśli grupa takowy posiada,
   c) powielanie innych wydawnictw, tak typu periodycznego, jak i zwartych (broszury, książki itp. poza debitem),
   d) druk i kolportaż różnego rodzaju materiałów propagandowych (plakietki, nalepki, banknoty z symbolami itp.),
   e) powielanie i kolportaż zagranicznych wydawnictw bezdebitowych.
2. Zbiórkę środków finansowych prowadzoną w zakładach pracy, przeznaczonych na działalność konspiracyjną, pomoc finansową dla represjonowanych, działalność wydawniczą oraz inwestycyjną.
3. Rozszerzanie bazy społecznej i zaplecza kadrowego.
4. Rozwijanie oświaty niezależnej, szkolenie w działalności konspiracyjnej w kraju i poza nim.
5. Rozwijanie wszelkich form propagandowych oddziaływujących na społeczeństwo z wykorzystaniem zachodnich polsko-językowych radiostacji włącznie.
6. Budowa, utrzymanie i «eksploatacja» kanałów łączności kraju i zagranicy dla rozpowszechniania informacji oraz

zapewnienia pomocy materialno-technicznej (zwłaszcza w sprzęcie poligraficznym i radiowym), a także rozwijanie pomocy charatytywnej.

7. Organizowanie różnego rodzaju legalnych punktów działalności gospodarczej w celu zapewnienia sobie stałego źródła dopływu środków finansowych (ich produkcja, także nielegalna w postaci znaczków, breloczków, odznak, wizerunków itp. rozprowadzanych odpłatnie).

8. Wprowadzanie zaufanych ludzi do MON, MO i SB w celu zapewnienia dopływu informacji o podejmowanych wobec opozycji przedsięwzięciach.

9. Wprowadzanie zaufanych ludzi do legalnych struktur w organizacjach społeczno-politycznych w celu prowadzenia działalności destrukcyjnej.

10. Podejmowanie różnych form nacisku w stosunku do określonych osób, tak ze środowisk pro-solidarnościowych, jak i pro-rządowych w celu wywołania określonych postaw.

11. Organizowanie i kierowanie różnymi formami protestu, dezawuowanie nowych związków zawodowych oraz partii.

12. Wykorzystywanie organizacji kościelnych oraz kleru dla budowy i utrzymywania punktów kontaktowych, miejsc spotkań oraz miejsc przechowywania różnego rodzaju materiałów, sprzętu itp., a także rozpowszechniania określonych treści".

Pomińmy specyfikę policyjnego języka i problem zgodności z faktami poszczególnych twierdzeń. Jedno wszakże jest oczywiste: mjr Żyżelewicz – inaczej niż Jerzy Urban – docenia znaczenie TKK i innych struktur podziemnych. Zawodowy policjant dobrze wie, jak silną i jak silnie wspieraną przez społeczeństwo musi być egzystująca w totalitarnym państwie struktura podziemnej ,,Solidarności". Nawet, kiedy totalitaryzm złagodzony jest przez nieudolność i bałagan... Zawodowy policjant nieraz głowił się, jak wytłumaczyć swym sowieckim towarzyszom ów sekret istnienia podziemnych struktur w ciągu czterdziestu miesięcy permanentnych represji. Sowiecki towarzysz słusznie wykazywał niepokój i zapytywał polskiego policjanta: czemu nie możecie tej zarazy zlikwidować? Wszak ten bezprecedensowy ruch oporu może okazać się zaraźliwy! Ci, którzy kwestionują zasadność istnienia TKK, powinni poczuć się przez mjr. Żyżelewicza przekonani o celowości tej instytucji. Powinni też odczuć narodową dumę – to Polacy pokazali światu, że c o ś   p o d o b n e g o   jest możliwe. Prędzej czy później te postępki okażą się wzorotwórcze. Kiedy inne narody zaczną ten przykład naśladować, sowiecki ład stanie w obliczu najpoważniejszego zagrożenia. „Solidarność" jest bez wątpienia jawnym wyzwaniem dla tradycyjnych form polityki sowieckiej w Europie. Jednak wcale nie musi tak być, sytuacja wciąż pozostaje otwarta. Istnienie „Solidarności" może stać się z biegiem czasu ładunkiem wybuchowym, ale może też stać się punktem wyjścia dla rozwiązań kompromisowych. Żadna z tych perspektyw wszakże nie rysuje się dziś wyraziście. Wiele zależeć będzie od okoliczności, na które Polacy nie mają wpływu: od kierunku zmian w ZSRR, od poziomu napięć w innych krajach satelickich, od stosunków między mocarstwami. Na jedno wszakże mamy wpływ decydujący – na kształt i sprawność naszej „Solidarności".

Jest ona trwałym fragmentem polskiego krajobrazu. Konstytuuje polską codzienność i wraz z nią szuka replik skutecznych na represyjną politykę nomenklatury. Bowiem wciąż trudno o jednoznaczną ocenę skuteczności tej „normalizacji" opartej na sile. Ekipa Jaruzelskiego ocaliła swą władzę i w tym sensie jej apologeci mogą mówić o sukcesie. Uniknęła również pewnych skrajności towarzyszących zwykle procesom pacyfikacyjnym – wydaje się, że wzór kadarowski wciąż pozostał celem do osiągnięcia. Wszelako opór społeczny nie został złamany, kryzys gospodarczy nie został przezwyciężony, żaden z punktów zapalnych nie wygasł. Ekipa Gierka, rezygnując po grudniu 1970 roku z reform strukturalnych, opłacała spokój społeczny zagranicznymi kredytami; ekipie Jaruzelskiego względny spokój zapewnia aparat przemocy.

Bezpośrednio po zamachu grudniowym pisał Jerzy Urban:

„Nikt jeszcze nie ma formuły na Polskę lat osiemdziesiątych. (...) Musimy dopiero szukać systemu sprzęgającego koncepcję silnego państwa i autorytarnego mechanizmu zabezpieczenia ustroju z postępującą demokratyzacją, kontrolą społeczną, samorządnością. Konieczne jest znalezienie sposobu rozładowania fobii i rozczarowań oraz porwania czymś wielkim młodych. (...) Dla dzisiejszej Polski dobra będzie taka linia polityczna, która powstrzyma upadek materialnych podstaw narodu. (...) Polityka ta zmierzać winna do zdobycia dla Polski gospodarczej odżywki poza jej granicami. Kraj nasz winien starać się o otwarcie wielu bardzo rozmaitych źródeł dopływu dóbr i kapitału. Trudność polega między innymi na tym, że każde z potencjalnych źródeł mogących nas wspomóc stosuje odmienne, a nawet wzajemnie sprzeczne kryteria, wedle których zechce lub nie angażować się w dźwiganie polskiej gospodarki".

90

..Kluczem do sytuacji jest poprawa stanu gospodarki" – deklarował Urban.

Z tego punktu widzenia można mówić o fiasku polityki Jaruzelskiego. Nie tylko z powodu kadry aparatu, o której Urban pisał, że „w trudnych chwilach murem staje za socjalizmem, ale wszelkie o nim wyobrażenia czerpie z przeszłości", zaś składa się z plejady „wiernych, lecz niekreatywnych". Głównie z tego powodu, że sam system sprawowania władzy dyspozycyjność wynagradza, a kreatywność obkłada anatemą, zaś samorządność czy kontrolę społeczną czyni niemożliwym. Dlatego tak wielką rolę odgrywa aparat bezpieczeństwa – dostarczyciel informacji i gwarant spokoju. W oparciu o ten aparat – wiadomo to z historii – nie można rządzić wiecznie, ale można rządzić długo. Totalitarny ład zaprowadzić można tylko przemocą; ekipa Jaruzelskiego ma w tej materii niemałe osiągnięcia. Taki sens miała likwidacja wszystkich autentycznych instytucji życia publicznego i szczątkowych uprawnień samorządu środowiskowego, procesy polityczne i zaostrzenie przepisów kodeksu karnego. Nie jest to jednak przemoc konsekwentna, a to ze względu na lęk przed kolejnym buntem robotniczym i presję w postaci sankcji gospodarczych oraz nacisk międzynarodowej opinii publicznej. Jak długo jeszcze będzie rządzić ekipa Jaruzelskiego w oparciu o kłamstwa Urbana i przemoc policji?

Pozostawmy to pytanie otwartym. Zastanówmy się raczej: w jaki sposób stawiać tej polityce skuteczny opór?

..Solidarność" wciąż szuka odpowiedzi na to pytanie. Wypowiadając się w grudniu 1984 roku, Lech Wałęsa stwierdził:

„«Solidarność» żyje. Trzeba jednak zadać sobie pytanie, czym jest ona dzisiaj. Przede wszystkim jest wielkim narodowym ruchem na rzecz podmiotowości i poszanowania godności społeczeństwa i każdego człowieka w Polsce. Jest zbiorem ideałów, które ujawniły się w dniach naszego sierpniowego strajku. Jednym z najważniejszych było i jest dążenie do wyzwolenia polskiej pracy, do posiadania przez nią własnej reprezentacji związkowej. Dążenie to zrealizowało się w Niezależnym Samorządnym Związku Zawodowym «Solidarność». Pomimo jego formalnej delegalizacji jesteśmy mu wierni. (...) W obecnych warunkach, wymagających różnorodnych działań społecznych, nie ma jednej drogi dla wszystkich. Zgodni musimy być co do podstawowych wartości ruchu. (...) Za to wybór drogi i środków walki o te ideały powinien być kwestią, którą każdy powinien rozstrzygnąć sam zgodnie z własnym sumieniem i oceną sytuacji. Potrzebna jest wielość społecznych inicjatyw".

W tym samym czasie Władysław Frasyniuk pisał w liście otwartym do członków i sympatyków NSZZ „Solidarność":

„«Solidarność» nigdy przecież nie została przez władze rozwiązana, a jedynie wyrejestrowana. Zgodnie z obowiązującą nadal w PRL konwencją nr 87 MOP władza nie ma prawa ani zawiązywać, ani tym bardziej rozwiązywać związków zawodowych. Mogą to zrobić wyłącznie sami pracownicy. «Solidarność» możemy więc zlikwidować my sami, masowo wstępując do innych związków".

Po czym precyzował:

„Istniejącej sytuacji nie zmieni jednak jednorazowy bohaterski zryw narodu. Powinniśmy mieć świadomość, iż jeśli chcemy trwałych przekształceń polityczno-społecznych, jeśli pragniemy budować prawdziwie samorządne i niepodległe społeczeństwo, to czekają nas jeszcze lata uporczywej pracy".

Podzielając opinię Wałęsy i Frasyniuka – a głosów analogicznych można by zacytować daleko więcej – zwrócić chciałbym uwagę na wspólny im ton stanowczości zespolonej z umiarem. Także na wspólne im przekonanie, że uczyć się trzeba funkcjonowania w „nowej normalności". Cóż to jest „nowa normalność"?

„Nowa normalność" to tyle, co nienormalny układ stosunków posiadający jednak pewne cechy trwałości. Takim wydaje się być układ zrodzony ze zderzenia kombinowanej polityki ekipy Jaruzelskiego z kombinowaną polityką społecznego oporu. Uczyć się funkcjonowania w „nowej normalności" to tyle, co uznać – za Wałęsą – że reformy oparte na pluralizmie i podmiotowości są niezbędne oraz uznać – za Frasyniukiem – że walka o te reformy trwać może długie lata. Nie dosyć tego – uznać „nową normalność" to wyciągnąć wnioski ze specyfiki układu n i e k o n s e k w e n t n i e totalitarnego i wypracować odpowiednią doń strategię działania.

Inaczej planuje się działania na najbliższe tygodnie, inaczej na lata, zaś jeszcze inaczej, gdy rozważać trzeba równocześnie obie perspektywy. Ośrodek decyzyjny podziemia – Tymczasowa Komisja Koordynacyjna – zmuszony został przez sytuację do wypracowania takiej właśnie, elastycznej i wielowariantowej wizji działania. Ponieważ podziemna „Solidarność" odrzuciła model organizacji hierarchicznej, scentralizowanej i karnej, ponieważ odrzuciła przemoc jako metodę, nie wisi nad nią obecnie złowrogie widmo „Biesów", którego tak obawiałem się w pierwszych miesiącach 1982 roku. Grozi jej natomiast – zwłaszcza ośrodkom kierowniczym – skostnienie w myśleniu rutynowym.

Cechą szczególną rutyny jest trzymanie się wzorów postępowania sprawdzonych już i wypróbowanych. Takich wzorów, które zapewniają ciągłość i trwanie oraz minimalizują straty i represje. Skutki działań tak planowanych są stosunkowo łatwo przewidywalne i kryją w sobie mniejsze ryzyko społecznej dezaprobaty bądź politycznej porażki. Warto być świadomym mechanizmu kształtowania się takich nawyków. Jest on naturalną odpowiedzią struktury na rozliczne – często przeciwstawne – zagrożenia. Rutyna jest rzeczą cenną; jest dowodem, że struktura potrafi uczyć się i przyswajać doświadczenia. Wszakże ta sama rutyna wieść może ku skostnieniu – to także jest mechanizm znany naukom społecznym. Wtedy własne doświadczenie uznaje się za w pełni wystarczające; proces nauki zostaje przerwany. Kostniejąca struktura traci kontakt z realiami, z czasem wiedzie żywot emeryta – odcina kupony od przeszłości. Gdy rzeczywistość przybiera kształty nieoczekiwane, struktura odwraca od niej wzrok. Gdy rozziew między wyobrażeniem o świecie a jego faktyczną formą staje się zbyt dojmujący, struktura podlega gwałtownym wstrząsom. Targana wewnętrznymi konfliktami i poddana różnorakim presjom z zewnątrz przerzuca się z rutynowej ostrożności w skrajny radykalizm nie przygotowanych wezwań do czynu. Gdy wezwania nie przynoszą spodziewanych efektów, struktura zaczyna przeżywać poczucie utraty tożsamości i sensu istnienia Taka jest normalna kolej rzeczy.

Wróćmy na moment do 13 grudnia i pierwszych miesięcy podziemia. Nadziei znacznej części ,,Solidarności" na sukces strajku generalnego i rychłe wymuszenie porozumienia towarzyszyła rachuba generałów na rozłam w Związku. Generałowie dopuszczali możliwość powołania do życia – pod szyldem ,,Solidarności" – instytucji o charakterze agenturalnym. Użyczyć swe nazwisko i błogosławić temu przedsięwzięciu miał Lech Wałęsa. Generał Kiszczak sugerował w tym okresie, by Wałęsa – wzorem niektórych uwięzionych przywódców podziemia z 1945 roku – wydał apel o ujawnienie się i zaniechanie podziemnej działalności. Tym zachętom towarzyszyły – rzecz prosta – pogróżki i represje policyjne.

Gdy ów scenariusz nie powiódł się – Wałęsa okazał się odporny na pokusę zdrady – generałowie sięgnęli do rozwiązań alternatywnych. Policja stała się wyłącznym instrumentem ich politycznych celów – ,,Solidarność" miała zostać rozbita według klasycznych wzorów totalitarnych.

Przypomnijmy je: Hitler przechwalał się przed Rauschningiem, że po zdobyciu władzy wystarczy mu rozprawa z przywódcami partii robotniczych, zaś szeregowych członków wcieli po prostu do bojówek SA. Członkowie KPD – jak wyjaśniał Führer – są prawdziwymi

„Volksgenossen" i wnet pojmą, po czyjej stronie jest prawda i słuszność. Tak też i uczynił. Po niedługim czasie przyspieszonej reedukacji politycznej wypuścił z obozów koncentracyjnych większość szeregowych działaczy, po wymuszeniu od nich deklaracji lojalności. Przed trzema laty (wiosną 1982 roku), cytując jako przestrogę uwagi Brechta o rozbiciu przez Hitlera struktur niemieckiego społeczeństwa, ten właśnie scenariusz możliwych zdarzeń miałem przed oczami.

Stalin był bardziej konsekwentny od swego niemieckiego kolegi: deklaracja lojalności stanowiła tylko pierwszy etap. Po upodleniu następowało unicestwienie. W Niemczech Hitlera i w Rosji Stalina stosowano wobec opornych chwyty wypróbowane. Wyjęto ich spod prawa, a świadczoną im pomoc zakwalifikowano jako kryminalne przestępstwo. Samo prawo zostało zredukowane do instrumentu w rękach aparatu władzy – podejrzani byli wszyscy, jednak ścigani tylko niektórzy, ci oporni. Stabilizacja fundowana była na strachu i demoralizacji. Zepchnięcie w nielegalność stawiało ludzi ruchu oporu poza normalnym życiem, wyobcowywało ich ze społeczeństwa. Rychło padali ofiarą denuncjacji.

Intencje naszych generałów były analogiczne i tak też zostały zinterpretowane. Wiktor Kulerski, jeden z przywódców „Solidarności", używając formuły „jesteśmy Żydami tej wojny", z pewnością miał na myśli ową amoralną sytuację, w której zwykły ludzki gest pomocy przeobrażony został w kryminalne przestępstwo karane więzieniem. Wszystkie pamiętniki ludzi, którzy przeszli przez piekło hitlerowskiej i stalinowskiej normalizacji zgodne są w opisie klimatu izolacji społecznej i przeraźliwego osamotnienia. Nieprzypadkowo Hans Fallada zatytułował swą powieść o III Rzeszy „Każdy umiera w samotności".

Tak było i później, i w innych krajach. W powieści „Walc pożegnalny" Milan Kundera odtworzył aurę duchową Czechosłowacji znormalizowanej: smutek i apatia przeplatane denuncjatorską aktywnością. Uogólniając te doświadczenia, Leszek Kołakowski określił w jednym ze swych esejów ideał totalitarnego państwa jako stan, w którym każdy człowiek jest jednocześnie więźniem i agentem policji...

Otóż w Polsce ten model normalizacji poniósł klęskę, co po czterdziestu miesiącach jego wdrażania stwierdzić można z całą pewnością. Nie udało się policji zlikwidować „Solidarności" ani też zrobić z Polaków denuncjatorów. Nie chcę przez to powiedzieć, że naród polski jest bardziej wartościowy – czy choćby mniej podatny na podłość – niż Niemcy, Rosjanie czy Czesi. Zdrajców i zaprzańców dosyć mieliśmy w naszych dziejach. Jednak warunkiem ich rozkwitu jest unicestwienie więzi społecznych i ludzki strach, który paraliżuje wolę oporu. Otóż w Polsce więzi te nie zostały unicestwione, a strach nie stał się wszechwładny. Wielką rolę odegrał tu Kościół jako źródło moralnej siły oraz tradycyjnie przypisywany Polakom duch niezgody na obcą przemoc. Sądzę wszelako, że decydującą rolę odegrała tu obrana przez „Solidarność" strategia działania. Wybór perspektywy długookresowej („długi marsz"), rezygnacja z przemocy, trafne odczytywanie limitów ekonomicznych i międzynarodowych dla poczynań nomenklatury – wszystko to zdecydowanie utrudniło generałom prowadzenie polityki represyjnej na skalę stalinowskich pierwowzorów. Denuncjacje wciąż są rzadkością, społeczeństwo nie zostało dostatecznie zdemoralizowane i zastraszone; „Solidarność" nie została rozbita.

Sięgnięto przeto do innych sposobów. Relatywny – w skali totalitarnej normalizacji – liberalizm w polityce karnej, kulturalnej czy paszportowej zespolony został z próbą „rozmycia" Związku. Co kwartał słyszeliśmy obwieszczenie generałów i ministrów, że „Solidarność" już nie istnieje, że to tylko kilku opętanych szaleńców dba o zachowanie pozorów.

W tej – inteligentnie, przyznajmy, pomyślanej – technice propagandowej nie cofano się przed chwytami nader subtelnymi. Na kilka dni przed aresztowaniem, kiedy powszechnie znanym już było wezwanie TKK do demonstracyjnego strajku przeciw podwyżkom, obejrzałem w telewizji francuski film „Wojna się skończyła" (reż. Alain Resnais, scen. Jorge Semprun). Ten znakomity film – przypomnijmy – pochodzi z 1967 roku. Jego premierze towarzyszył skandal polityczny: był zabroniony w Hiszpanii przez frankistowską cenzurę, bo opowiadał o antyfrankistowskim ruchu oporu; był potępiony przez przebywającą stale w Moskwie Dolores Ibarruri, bowiem autor scenariusza został wcześniej usunięty z KPH za „rewizjonizm", zaś sam film był relacją o komunistycznym podziemiu, wyizolowanym z normalnego życia i oczekującym w sekciarskim zaślepieniu na strajk generalny, który obali reżim. Film ten – rzecz prosta – przez lata nie był w Polsce wyświetlany w kinach jako „błędny ideologicznie". I oto miliony obywateli mogły obejrzeć go w telewizji, mimo obecności Yvesa Montanda na ekranie, tak źle notowanego ostatnio w komunistycznej propagandzie.

Sens tej subtelnej operacji był przejrzysty. Wałęsa i Bujak mieli zostać utożsamieni w potocznej świadomości z sekciarzami hiszpańskiego komunizmu, a ich apel o strajk miał skojarzyć się z jałowym, doktrynerskim frazesem ciasnych nielegalników z KPH. Takie też treści niósł cytowany wyżej felieton Urbana.

Wszelako doświadczenie hiszpańskie ujawnia przecież różne sensy. Wiadomo skądinąd, że w kilka lat po premierze tego filmu Hiszpania zrzuciła ład despotyzmu i pożeglowała w kierunku demokratycznych instytucji. O tym optymistycznym finale trzeba stale pamiętać i przypominać go, mając jednak wciąż w pamięci ów mechanizm degeneracji podziemia, opisany – szerzej jeszcze – przez Semyruna w „Autobiografii Federica Sancheza". Albowiem taka degeneracja zdarzyła się już niejednej strukturze konspiracyjnej; albowiem – powtórzmy – taka bywa normalna kolej rzeczy. Tak może się zdarzyć i w Polsce.

By tak się nie zdarzyło, należy utrzymać obecny kształt podziemia związkowego. Nie ma on wiele wspólnego z klasyczną konspiracją z krajów okupowanych, jest raczej nieoficjalnie funkcjonującym społeczeństwem cywilnym niż podziemnym państwem. Takim powinien pozostać.

Model polskiego ruchu oporu musi zachować swój kombinowany charakter, musi nadal być mozaiką rozmaitych form działania: podziemnych i jawnych. To oczywiste, znaczne sfery rzeczywistości są dla działań jawnych zamknięte. Te wypełniają podziemne struktury. Rzecz jednak w tym, by takich sfer było coraz mniej, by coraz szerzej przebijać się ku jawności. Nie oznacza ta tendencja postulatu samolikwidacji podziemia, lecz wyraża przekonanie, że podstawowym polem konfliktu jest miejsce bezpośredniego styku obywateli z aparatem władzy – zakład pracy. Na tym polu przeto trzeba przede wszystkim poszerzać ową „szarą strefę" (między tym, co oficjalnie nakazane, a tym, co karane więzieniem), trzeba wyrąbywać nowe granice wolności. Choć nie da się uniknąć ofiar i represji, to poszerzać granice zbiorowej wolności mogą tylko ludzie działający jawnie. Jednak kierować tymi działaniami, planować je i komentować – musi Tymczasowa Komisja Koordynacyjna. Dotyczy to także działań w ramach oficjalnych instytucji (spółdzielczość, samorząd). Tu autonomia musi być szersza niż gdzie indziej, jednak ramowo i one winny być konsultowane z podziemnym kierownictwem.

W cytowanym już „liście otwartym" Frasyniuk formułuje konkretne zadania dla podziemnych struktur zakładowych: walka o urealnienie minimum socjalnego, o zachowanie wolnych sobót, o respektowanie prawa do strajku, samoobrona przed represyjnym usuwaniem z pracy i przed policyjnym gwałtem. Pisze też: „samokształcenie jest fundamentem niezależnej działalności. Podnoszenie poziomu naszej świadomości jest podstawą skutecznego działania w jakiejkolwiek dziedzinie".

Podzielam te opinie. Myślę, że dzięki takim właśnie poczynaniom „Solidarność" będzie ruchem zdolnym ocalić Polskę przed totalitarną recydywą. Cytowane formuły Wałęsy, Frasyniuka, Bujaka i TKK uważam za w pełni wystarczające. Jednak nie wszyscy są tego zdania. Powstają – tu i zagranicą – subtelne rozważania na temat: czy „Solidarność" jest prawicowa czy lewicowa, reformistyczna czy rewolucyjna. Trudno się dziwić. Robotnicza rewolucja dokonana pod znakiem Krzyża musiała wprawiać w osłupienie. Uważam te wysiłki klasyfikacyjne za jałowe. Próba opisania sytuacji polskiej w kategoriach zrodzonych przez inne ustroje i inne epoki zawodzi w całej rozciągłości. Ponieważ jednak sam kruszyłem kiedyś kopie o zasadność tych kategorii, nie wypada teraz poprzestać na tak ogólnym stwierdzeniu.

Zacznijmy tedy od pytania zasadniczego: czy reżim w komunistycznej Polsce jest prawicowy czy lewicowy? Moja odpowiedź brzmi: jest to reżim totalitarny, który w swej ideologii i praktyce łączy elementy spotykane w ruchach totalitarnej prawicy i totalitarnej lewicy. Łączy zinstytucjonalizowaną przemoc z bezprawiem i pogardą dla godności ludzkiej. Łączy nacjonalistyczny szowinizm z programową rezygnacją z suwerenności (jak reżim Pétaina); łączy dążność do zawłaszczenia wszystkimi sferami życia publicznego z kulturalnym niszczycielstwem (jak reżimy Stalina i Hitlera). Dlatego nie da się tego systemu zdefiniować w pojęciach zaczerpniętych z języka demokratycznego parlamentu i rewolucji mieszczańskiej. Nie jest on ani prawicowy, ani lewicowy – jest totalitarny. Cechą opozycji przeciw temu systemowi nie jest przeto ani prawicowość, ani lewicowość, lecz opcja antytotalitarna.

Oczywiście są w opozycji ludzie różni, wyznający różne systemy wartości związane z różnymi tradycjami. Czy można ich podzielić na zwolenników idei prawicy i lewicy? Nie sądzę. Podziały są oczywiste i widoczne gołym okiem. Jednak – niezależnie od wyobrażeń niektórych ich uczestników – nie przebiegają one wedle kryteriów różnicujących demokratyczny parlament. Nie są też przedłużeniem zróżnicowań epoki II Rzeczypospolitej ani odzwierciedleniem sympatii do obozów politycznych funkcjonujących w krajach zachodnich.

Ludzie interesują się historią i spierają się o przeszłość, co jest tym bardziej zrozumiałe, że historia Polski przez długie lata obfitowała w białe plamy. Jednak debata nad oceną Piłsudskiego i Witosa, endeków i socjalistów, zamachu majowego czy wojny polsko-bolszewickiej gaśnie w zestawieniu ze sporem o to, jak radzić sobie z totalitarną opresją. Wśród zwolenników „Solidarności" są zwolennicy Piłsudskiego i Witosa, endeków i socjalistów; wśród jej przeciwników – również (mówiąc o tych ostatnich, nie mam na myśli grupy lizusów niezłomnych skupionych w tzw. PRON wokół Jana Dobraczyńskiego, lecz ludzi funkcjonujących w ramach nieoficjalnego obiegu i współtworzących cywilne społeczeństwo). Są też – zarówno w „Solidarności", jak i wśród jej krytyków – sympatycy Reagana i Mitteranda, liberałów i chrześcijańskich demokratów, socjalistów i „zielonych". Także stosunek do katolicyzmu i Kościoła nie jest czynnikiem różnicującym: tu i tu są katolicy będący krytykami Prymasa Glempa i niekatolicy będący jego obrońcami. Co najważniejsze jednak – dla ogromnej większości Polaków „prawica" i „lewica" są abstrakcyjnymi podziałami z innych epok. Liczy się konkret – system płac i wybory do rad narodowych, kolaboracja i bojkot, praworządność i ustawa o cenzurze. Nie twierdzę, że te problemy wyczerpują polską polityczną rzeczywistość, twierdzę wszakże, że wyznaczają jej zasadnicze linie.

Spór o określenie – „reforma" czy „rewolucja" – jest równie mylący. „Solidarność" odrzuciła przemoc, lecz nie odrzuciła myśli o wolnej Polsce. Nie planuje szturmu na gmach Komitetu Centralnego. jednak nie potrafi wykluczyć, że komuniści swą polityką i do tego mogą doprowadzić. W chwili buntu robotniczego miejsce „Solidarności" będzie wśród robotników, a nie wśród policjantów. Związek nie chce obalić rządu, lecz rząd sam może się obalić własną siłą nieudolnie zastosowaną.

Jedno natomiast jest pewne: „Solidarność" nie głosi żadnej rewolucyjnej doktryny czy ideologii, nie obiecuje bezkonfliktowego ładu i zinstytucjonalizowanej cywilizacji miłości. W taką rewolucję i w taki obraz przyszłości „Solidarność" nie wierzy.

Antyutopijność Związku wiedzie do wiary w ład demokratyczny oparty na instytucjonalizacji konfliktów, na prawie, pluralizmie, tolerancji i szerokiej społecznej samorządności. Czy można ład taki określić jako socjalistyczny? Zważywszy na doszczętną kompromitację słowa „socjalizm", pozostawmy purystom językowym spór na ten temat. Poprzestańmy na tym, co konkretne i rzeczywiste: płace i ceny, wolne soboty i ruchomy czas pracy, policyjna przemoc i jej ofiary, upowszechniana ulotka i niecenzurowana gazeta, wartościowa książka i autentyczna rozmowa. Każde z tych poczynań składa się na polski ruch oporu, każde z nich rzeźbi i przekształca totalitarną rzeczywistość. Świadomość jej trwałej niestabilności i nieokreśloności jest niezbędnym wstępem do zrozumienia „nowej normalności".

„Nowa normalność" kryje w sobie tajemnicę. Może trwać przez lata, ale może załamać się każdego dnia pod wpływem nieoczekiwanego impulsu. Tę świadomość winni upowszechniać przywódcy z TKK w podziemnych strukturach. Ta świadomość warunkuje zdolność ruchu do spotkania z niespodzianką, z nagłą i nieoczekiwaną zmianą sytuacji politycznej i zwrotem w społecznych nastrojach.

Niespodziankę należy stale brać pod uwagę w kalkulacjach i programach. Nie wystarczy już powtarzanie deklaracji o chęci porozumienia, trzeba opracować jego różne warianty. Niezbędny – choć moim zdaniem nieprawdopodobny – jest wariant kompromisu z ekipą Jaruzelskiego; niezbędny jest też projekt kompromisu z tej ekipy następcami. Niezbędna – wreszcie – jest praca nad wariantami porozumienia polsko-rosyjskiego. Niechaj nas nie odstrasza świadomość, że wszystkie te warianty mogą spocząć w koszu od śmieci. Niech nam raczej przyświeca przekonanie, że możemy w chwilach decydujących dla losu Polski obudzić się w euforii wprawdzie, ale za to z ręką w nocniku.

„Solidarność" powinna odrzucić filozofię „wszystko albo nic". Dotyczy to zarówno stosunku do ZSRR, jak do polskich komunistów, stosunku do zmian cząstkowych, jak i do pluralizmu form uczestnictwa w życiu obywatelskim. Twierdzę bowiem uparcie, że jeśli parametry sytuacji międzynarodowej pozostaną niezmienione, kompromis w Polsce – i demokratyczna reforma jako jego konsekwencja – to perspektywa tyleż realistyczna, co i jedyna. Dla komunistów może to być droga do uzyskania legitymizacji, dla nas zaś – droga do godziwego życia.

Jeden z partyjnych intelektualistów – prof. Jan Baszkiewicz – sformułował opinię, że nie ma ustrojów niereformowalnych, są tylko takie, które nie umieją się w porę zreformować. Podzielam ten pogląd. Ustrój komunistyczny – przy założeniu, że stalinizm był stadium najbliższym ideału – podlegał już tak wielu przekształceniom, iż trudno poważnie z opinią prof. Baszkiewicza polemizować. Zmiany obejmowały zarówno sferę polityki międzynarodowej, wymiany handlowej, funkcjonowania gospodarki, stosunków własności, jak i zakresu tolerancji w kulturze i polityce wobec religii. Niezmiennym pozostawał natomiast kształt funkcjonowania partyjnej nomenklatury. Zwolennicy tezy o „niereformowalności" to właśnie spostrzeżenie lokują w centrum swoich wywodów. Odpowiedź ostateczną przynieść może tylko empiria. Opowiadając się za kompromisem i przemianami ewolucyjnymi dopuszczamy możliwość przeobrażeń także w tej sferze. Dopuszczamy mianowicie możliwość zaistnienia sytuacji, w której komuniści przystaną na – wsparty społecznym naciskiem – postulat autentycznych (choćby w części...) wyborów do rad narodowych i do Sejmu. Uczynią tak nie ze względu na swą miłość do demokracji, lecz przez wyrachowanie – reforma będzie dla nich korzystniejsza od ciągnącej się w nieskończoność „zimnej wojny domowej".

Nie formułujemy tu żadnej gotowej recepty na polskie kłopoty. Pamiętamy, że kompromisy zawsze są wynikiem rachunku sił, a nie intelektualnej perswazji. Mamy przeto świadomość, że postulaty nasze wywołać dziś mogą w aparatczykach jedynie gromki wybuch śmiechu. Analogicznie śmiali się – przypomnijmy – holenderscy generałowie i aparatczycy z kolonii, gdy im wspominano o kompromisie z narodami wysp Indonezji; analogicznie śmiali się francuscy generałowie i kolonizatorzy, gdy im wspominano o niepodległości Algierii. Przeto śmiech naszych aparatczyków nie dziwi nas i nie przeraża. Opór konserwatywnych struktur władzy jest zwykle długotrwały i bezmyślny, a rozwiązania kompromisowe jawią się jako burzycielskie wobec tradycyjnych wyobrażeń o świecie. Dysponujemy wszelako licznymi dowodami, że także ludzie ze struktur władzy potrafią uczyć się zawierania kompromisów – kiedy muszą. Od tempa tej nauki zależy zakres reformowalności politycznych ustrojów. Choć wywód nasz powtarza oczywistości, przyszłość Polski nie rysuje się jasno.

Jak Lech Wałęsa, jak przywódcy TKK, często zastanawiamy się nad możliwym biegiem wypadków. Czy czeka nas powolne wydzieranie swobód obywatelskich i związkowych, czy też nagły „skokowy" zwrot na podobieństwo Sierpnia? Myślę, że dziś niepodobna na te pytania odpowiedzieć. Przyszłość zawsze brzemienna jest w niespodzianki – stąd postulat myślenia wielowariantowego. Nie da się wykluczyć, że obecna sytuacja – posiadająca wszelkie cechy „patowego" prowizorium – może okazać się bardziej długotrwała, niż wielu z nas przypuszczało. Może jednak i tak się zdarzyć, że już najbliższe miesiące przyniosą istotne rozstrzygnięcia. Spoglądając w przyszłość mamy naturalną skłonność do posługiwania się własnym historycznym doświadczeniem. Tymczasem tak, jak Marzec 1968 nie był powtórzeniem Polskiego Października, jak Grudzień 1970 nie był powtórzeniem Marca 1968, a Sierpień 1980 – Czerwca 1976, tak i przyszły – nieuchronny – konflikt będzie miał swoje cechy szczególne. Oby był bezkrwawy! Jeśli jednak okazać by się miało, że raz jeszcze polska krew popłynie ulicami polskich miast, to i na tę sytuację winniśmy mieć wypracowaną formułę szukania porozumienia i budowania pokoju wewnętrznego.

Alternatywnym rozwiązaniem dla dialogu i kompromisu jest konflikt „na śmierć i życie" i walka o odsunięcie komunistów od władzy. Nie znam żadnych argumentów, które mógłbym temu rozumowaniu przeciwstawić. Jeśli zaś jest ono prawdziwe, to prawdą jest również, że walkę taką podjąć można wśród rozpadu sowieckiego imperium. Lub też, gdy Rosja uzna, że taki niekomunistyczny rząd polski może być lojalnym gwarantem jej interesów w tej części Europy. Nie wykluczam takiej ewentualności. Nie przekreślam sensowności budowania polskiej myśli politycznej, opartej na kalkulacji, a nie na emocji, która zaproponuje nowy układ stosunków polsko-sowieckich. Jednak wciąż przypominać należy, że musi to być myśl – by tak rzec

– społecznie wiarygodna. Ugoda polsko-rosyjska jest możliwa tylko wtedy, gdy zawarta będzie przez wiarygodnych reprezentantów społeczeństwa, a nie przez ludzi usytuowanych ponad jego głową. Istota porozumienia fińsko-sowieckiego polegała na tym, że jej architektami od strony fińskiej byli ludzie upoważnieni do negocjacji przez Finów, ludzie dysponujący realnym społecznym mandatem. Gdyby w Finlandii dokonał się komunistyczny zamach stanu zespolony z bratnią pomocą sowieckich wojsk, zwolenników parlamentarnej demokracji wtrącono by do więzień, zaś nowy „Rewolucyjny Rząd Robotniczo-Chłopski" byłby zawarł ze Związkiem Sowieckim „porozumienie", to byłoby ono po prostu aktem narodowej zdrady.

Tradycja polska dobrze zna ten model „porozumienia": od Targowicy i Szczęsnego Potockiego po Wandę Wasilewską i Bieruta. W tym też kontekście pada zwykle nazwisko Wielopolskiego. Zauważmy przeto, że całkowita porażka polityki margrabiego z Chrobrza wcale nie wynikała – wbrew opiniom Stanisława Stommy i Stefana Kisielewskiego – z polskiej nierozwagi, lecz właśnie z nierozwagi Wielopolskiego. Bowiem można być sprawnym intelektualnie dyplomatą, można świetnie rozumieć geopolityczne determinanty nakazujące kompromis z potężnym sąsiadem, ale trzeba być politykiem niebotycznie naiwnym, by uwierzyć, że realizować taki plan podobna wbrew polskiemu społeczeństwu. Wielopolski – pozostawmy na boku jego intencje – był po prostu naiwny, gdy oferował swe usługi Petersburgowi nie poprzedziwszy tego uzgodnieniami z reprezentatywnymi przedstawicielami polskiego społeczeństwa. Dlatego musiał przegrać. Porzucony przez Polaków i rosyjski dwór, dokonał żywota w obcym Dreźnie. Niestety, o tym przesłaniu lekcji Wielopolskiego zbyt często jego adwokaci zapominają.

I jeszcze jedno – czym innym jest rozumieć sowiecki punkt widzenia, a czym innym zgoła przyjmować go za własny (jak to czyni Wojciech Jaruzelski). Antyrosyjska fobia – jak każda fobia – jest absurdem, ale polska wola tożsamości i podmiotowości jest rzeczywistością. I o tym wciąż należy Rosjanom – czerwonym czy białym – przypominać, jak również, że istnieją w Polsce siły rozumiejące realia i gotowe do kompromisu. Realizacja interesu państwowego Rosji wcale nie musi być uzależniona od wieczystych rządów komunistycznej nomenklatury, całkowicie pozbawionej narodowego mandatu. Jednak bronić swej wolności będą Polacy zawsze.

Choć brzmiące dziś pusto i bezużytecznie, te przeświadczenia mogą okazać się bezcenne w zmienionej politycznej koniunkturze.

Powtórzmy wszakże – dziś elementarna polityczna odpowiedzialność nakazuje zakładać, że w obronie komunistycznej władzy w Polsce Kreml nie cofnie się przed interwencją. Trudno nawet dociekać, jaki byłby jej przebieg i jakie byłyby jej skutki. Osobiście jestem przekonany, że byłoby to morze krwi i cmentarz na całe pokolenie. Czym innym jest udział w wojnie z góry przegranej jako w narodowym obowiązku, a czym innym świadome dążenie do wojny, w której zwycięstwo można z pewnością wykluczyć. Dlatego jestem zdania, że lepiej zadowolić się obecnym skromnym stanem posiadania, niż ryzykować zredukowanie Polski do poziomu jednej z sowieckich republik. Dobrze wiemy, czym jest przynależność do „nowego narodu stu narodów"...

Wszelako widmo sowieckiej interwencji – naturalny limit politycznych postulatów – nie może być kneblem dla myśli ani uzasadnieniem dla służalstwa i serwilizmu. Musi być przedmiotem refleksji i analiz, nie zaś narzędziem szantażu. Politycznym szantażystom, którzy w każdym niezależnym działaniu związkowym czy wydawniczym dostrzegają zarys krasnoarmiejskiej ofensywy, wypada przypomnieć: z prawdziwej tezy o sowieckiej gotowości do obrony militarnej swego interesu mocarstwowo-ideologicznego w Polsce nie wynika bynajmniej wniosek, że równie bezwzględnie bronić będzie obecności Jaruzelskiego czy Siwaka w rządzie PRL. Ani Gomułka, ani Gierek nie byli bronieni tymi sposobami.

IX

WIELKI świat oglądany z Warszawy wygląda dziwnie i polonocentrycznie. Bezsilność rodzi rozpacz. Po konferencji jałtańskiej, której postanowienia Polacy odebrali jako zdradę ich sprawy przez rządy Wielkiej Brytanii i Stanów Zjednoczonych, nastąpił w krajowej opinii gwałtowny antyzachodni zwrot nastrojów. Jałta skazała Polskę na „pokój służalstwa" (Miłosz).

Po grudniowym zamachu stanu nastąpił zwrot odwrotny: bezsilna rozpacz ewokowała gwałtowny wzrost nadziei na – moralną choćby – pomoc Zachodu, która zresztą nastąpiła. Ten nastrój zrodził wielką popularność prezydenta Reagana wśród Polaków, tak zresztą jak i innych zachodnich rządów, atakowanych przez komunistyczną propagandę. O niezwykłym kulcie papieża także należy w tym kontekście wspomnieć. Poza naturalną polską dumą z rodaka w Stolicy Apostolskiej, poza renesansem postaw religijnych – w słowach płynących z Watykanu wyszukują Polacy źródeł nadziei nie tylko religijnej.

Te nadzieje nigdy nie przyoblekły się w kształt myśli politycznej – pozostają w sferze niejasnych przeczuć i ludowych marzeń. Mimo to kryją one w sobie ładunek niebezpiecznych złudzeń i oczekiwań na cud, który nadejdzie z zewnątrz. Ponieważ jednak należy mniemać, że żaden cud nie nastąpi i nikt nic za nas, Polaków, nie załatwi, rachować winniśmy na własne siły. W tym sensie oficjalni propagandyści mówią prawdę – na żadną bezpośrednią pomoc Polacy nie mogą liczyć. Nie oznacza to jednak, że sytuacja międzynarodowa nie ma wpływu na los Polski. Z faktu, że nikt w świecie za nasz kraj nie będzie nadstawiał głowy, nie wynika bynajmniej, iż sprawa Polski nie jest ważnym elementem konfliktów między mocarstwami. Porażka helsińskiej koncepcji odprężenia przyniosła wzrost napięć. Teraz – naturalną koleją rzeczy – nastąpić może okres poszukiwań nowej formuły międzynarodowego kompromisu. Jest ważnym zadaniem podmiotowej polityki polskiej, by uczynić sprawę wolności związkowych i obywatelskich fragmentem tych porozumień. Czy jest to realne? Odpowiedzmy ostrożnie: jest to obecnie mało prawdopodobne. Zwrot w polityce amerykańskiej mógł oznaczać – i szansa ta wciąż nie została przekreślona – nową erę w relacjach sowiecko-amerykańskich. Jednak za niewątpliwy sukces polityki sowieckiej należy uznać zredukowanie tematyki negocjacji do sprawy ograniczenia zbrojeń. Daje to stronie sowieckiej oczywiste atuty w propagandowym ustawieniu pola sporu, bowiem pozwala bezpośrednio oddziaływać na pacyfistycznie zorientowaną opinię publiczną Zachodu. Przywódcom sowieckim odpowiadać będzie każde porozumienie blokujące amerykańskie plany dozbrojenia, bo usuwa ono groźbę konfliktu na czas nieograniczony i pozwala na realizację polityki ekspansjonistycznej sposobami konwencjonalnymi. Zachodnia opinia publiczna pozwoliła narzucić sobie sowiecki schemat rozumowania – broń ważniejsza jest niż człowiek. Wszelako nie jest to prawda. Żadna broń samodzielnie nie zabija. Do tego potrzebny jest człowiek. Człowiek ubrany w mundur, sterroryzowany i ogłupiały.

Często słyszeć można stwierdzenie, że Afganistan jest dla Związku Sowieckiego tym, czym był Wietnam dla Amerykanów. Otóż, niezupełnie jest to prawda. Polityka amerykańska wobec Wietnamu załamała się w samych Stanach Zjednoczonych. Młodzi Amerykanie nie chcieli umierać za abstrakcyjną dla nich sprawę obrony Sajgonu przed komunizmem, dezerterowali z wojska i publicznie palili karty mobilizacyjne. Ameryką (i krajami sojuszniczymi) wstrząsnęły potężne antywojenne manifestacje. Kontynuowanie wojny wiązało się z postępującym upadkiem autorytetu Stanów Zjednoczonych w świecie i wzrostem sił ideologii komunistycznej. Te czynniki przesądziły o amerykańskiej klęsce w Wietnamie.

Związek Sowiecki, prowadząc siódmy rok wojnę w Afganistanie, wolny jest od tych kłopotów. Tę różnicę warto mieć wciąż na uwadze. Dlatego też, jeśli istotnie mają zostać sformułowane na nowo reguły pokojowego współistnienia, jeśli istotnie – jak twierdzi nowy sowiecki przywódca – z rywalizacji ustrojów ma być usunięta przemoc, przedmiotem negocjacji i porozumień musi stać się nie tylko los pocisków, ale i ludzi, bo to ludzie będą tymi pociskami zadawać śmierć innym ludziom. Dopóki prawa człowieka będą deptane, dopóty pokój nie zostanie przywrócony, bowiem pokój może być oparty tylko na prawdzie i sprawiedliwości.

Prezydent Ronald Reagan, objaśniając sens swej linii politycznej, stwierdził między innymi (w wywiadzie dla *Newsweeka*):

„Jeśli słuszne są nasze podejrzenia, że [ZSRR – A.M.] jest to państwo ekspansjonistyczne i że ma już nad nami znaczną przewagę w broni zaczepnej i gdyby to ono, wcześniej od nas, wyprodukowało broń obronną, no to nie musiałoby się już przejmować naszym odstraszaniem – naszym uderzeniem odwetowym. Wtedy mogłoby wystosować ultimatum do całego świata. Tak więc, jeżeli w ogóle myśli się o czymś takim, to tym konieczniejsze byłoby posiadanie broni obronnej także przez nas.

(...) Trudno być optymistą, kiedy się spojrzy na to, co się działo dotąd. Od czasu drugiej wojny światowej złożyliśmy jakieś 19 propozycji dążących do kontroli zbrojeń (...) i ZSRR zawsze się im sprzeciwiał, nawet jeśli to myśmy mieli na coś monopol. (...) Do wiary, że jest tu pewna nadzieja, skłania mnie nie ta idea, która aż nazbyt często w przeszłości powodowała, iż mówiliśmy: no cóż, jeśli zrozumieją, jak bardzo jesteśmy cacy, to może i oni będą cacy. Nie. Osiągniemy porozumienie wtedy, kiedy będzie ono również w ich praktycznym interesie. Wiedzą oni, że nie mogą nam dorównać pod względem przemysłowym (...), a to prowadzi mnie do przekonania, że być może dostrzegą oni praktyczne zalety takiego rozwiązania i przyjmą to rozwiązanie".

Można nie żywić żadnej sympatii dla amerykańskiego prezydenta, można uważać go za konserwatystę i reakcjonistę, ale trudno odmówić żelaznej logiki jego rozumowaniu. Dostrzegam w nim wszakże istotną lukę. Otóż prezydent Reagan jakby abstrahował w swym wywodzie od korzeni ekspansjonizmu w sowieckiej polityce. Te korzenie zaś – myślę – tkwią w totalitarnej strukturze sowieckiego państwa. Jak długo zwykli Rosjanie będą mieli zakneblowane usta, a ci, którzy knebel wypluli, będą więzieni i osadzani w szpitalach psychiatrycznych, wysyłani za granicę (jak Sołżenicyn i Bukowski) czy zsyłani w głąb Rosji (jak Sacharow), tak długo sowiecki ekspansjonizm pozbawiony będzie wszelkich wewnętrznych hamulców.

Inaczej mówiąc, warunkiem odwrócenia zagrożenia wojennego jest pełne respektowanie praw człowieka. Prezydent Reagan wspomina o dziewiętnastu propozycjach na temat kontroli zbrojeń złożonych przez stronę zachodnią po II wojnie światowej. Szkoda, że nie wspomniał o zawartych w tym czasie porozumieniach tyczących praw człowieka.

Jak bardzo jest ten temat kłopotliwy dla sowieckich przywódców, wskazuje propagandowa wrzawa wokół obecności amerykańskiego prezydenta na cmentarzu w Bitburgu. Z tego punktu widzenia wizyta ta była fatalnym błędem – umożliwiła sowieckim propagandystom zniekształcenie sensu polityki amerykańskiej. Był to również błąd o konsekwencjach moralnych. Wspólnym mianownikiem głosów krytycznych było – myślę – przekonanie, iż pojednanie z Niemcami musi mieć za swą podstawę formułę demokratyczną i antytotalitarną. W tym też duchu wypowiadali się wielokrotnie niemieccy intelektualiści i mężowie stanu. Zasadnym przeto byłoby złożenie kwiatów na grobach Niemców – uczestników antyhitlerowskiego ruchu oporu. Uhonorowanie w ten sposób hitlerowskich żołnierzy, którzy polegli za przeklętą i złą sprawę nazizmu, zostało odczytane – także przez wielu ludzi w Polsce – jako wypaczenie sensu tamtej okrutnej wojny. Albowiem nie była to przecież wojna z Niemcami – była to wojna z faszyzmem. Z faszyzmem zaś pojednania nie będzie i być nie może.

Oczywiście komunistyczni przywódcy są ostatnimi, którym wolno formułować takie zarzuty. Oni, spadkobiercy Stalina i fałszerze historii, nie zdobywają się na złożenie kwiatów na grobach ofiar stalinowskiego terroru. Oni nawet o samym terrorze zabraniają już mówić i pisać. Zbyt dobrze pamiętają, że to Stalin był fundatorem ładu, który gwarantuje ich władzę. Ten bandyta polityczny znów cieszy się uznaniem komunistycznej propagandy. Jego dzieło – jałtański ład – ma być wieczyste. Jednak tylko do pewnego stopnia.

Jałta nakazywała przeprowadzenie w Polsce wolnych wyborów, ale o tym adwokaci Jałty wolą nie wspominać. Helsinki zobowiązywały do respektowania praw człowieka, ale o tym milczą obrońcy epoki odprężenia. Powody są oczywiste. Dlatego też, jeśli rozmowy amerykańsko-sowieckie mają mieć sens, prawa człowieka muszą być ich integralnym fragmentem. Przywódcy sowieccy – i wszyscy inni – muszą mieć świadomość, że depcząc prawa człowieka powodują wzrost napięć i nakręcają spiralę zbrojeń. Muszą oni wyzbyć się tej dziwacznej moralności totalitarnych dyktatur, która pozwala interwencję wojskową w Afganistanie nazywać ,,bratnią pomocą'', stan wojenny w Polsce ,,zabezpieczeniem pokoju światowego'', zaś noty amerykańskiego Departamentu Stanu w sprawie łamania praw człowieka ,,ingerencją w sprawy wewnętrzne'' i naruszeniem cudzej ,,suwerenności". Tylko ta droga może doprowadzić do „nowej Jałty", to znaczy do globalnego porozumienia między mocarstwami. Tylko ta droga – dodajmy – otwiera Polsce jakąś perspektywę. Nie twierdzę, że jest to realne z dnia na dzień. Dlatego Polacy nie mogą dzisiaj rachować na międzynarodową koniunkturę. Twierdzę natomiast, że nie ma innej drogi ku pokojowi. Twierdzę również, że uczynić te postulaty realnymi może tylko ciągłe ich przypominanie i stała walka o ich realizację. Wiem, jest to zadanie raczej dla ośrodków opinii publicznej niż dla rządów; raczej dla ruchów pokojowych niż dla prezydentów. Jeśli wszakże demokratyczne rządy zrezygnują z tego argumentu, ich konflikt ze światem totalitarnym – w społecznym odczuciu – będzie po prostu sporem o to, kto silniejszy. Otworzy to pole dla propagandy demagogii zawodowych „obrońców pokoju" na wzór epoki stalinowskiej.

Polityka odprężenia może mieć różne twarze. Mogą zachodni politycy przyjeżdżać do Warszawy, by podlizywać się naszym generałom (jak niemieccy socjaldemokraci), mogą też przyjeżdżać po to, by mówić im nieco prawdy (jak brytyjski minister spraw zagranicznych). Jeśli wszakże mają mówić tę prawdę – a na więcej trudno dziś rachować – muszą ją znać.

Wielką rolę ma tu do odegrania polska emigracja polityczna. Jeśli mamy świadomość, że los Polski będzie rozgrywać się w kraju i poza krajem, na ulicach polskich miast i przy konferencyjnych stołach, to trudno w naszych rozważaniach pominąć trudny i złożony problem roli Polaków rozsianych w świecie. Najkrócej mówiąc, świat winien dysponować kompletną informacją o Polsce, zaś ludzie z kraju – tak często zasklepieni w polonocentryzmie – winni być zorientowani, co się dzieje w świecie, w jakim kierunku podąża, o co się spiera i co z tego wszystkiego dla sprawy polskiej może wyniknąć.

Wśród wygnańców nieraz toczono spór o formułę stosunku emigracja-kraj. Czy jej istotą ma być służebność czy też nadrzędność emigracyjnych ośrodków i instytucji? Wydaje się, że nie jest to problem, który można rozstrzygnąć raz na zawsze. Bywają okresy – na przykład po klęsce powstania listopadowego czy w apogeum stalinizmu – gdy wykrwawiony i sterroryzowany kraj staje się polityczną pustynią. Życie polityczne i duchowe kraju jest sparaliżowane. W takich chwilach na emigracji spoczywa ciężar zachowania kulturalnej i politycznej ciągłości. Zdarza się i odwrotnie – emigracja kostnieje i słabnie wyniszczana podziałami i konfliktami, zaś w kraju rozpoczyna się proces powstawania niezależnych instytucji. Wtedy – to oczywiste – rola emigracji staje się w pełni służebna wobec kraju. Może ona być ambasadorem sprawy polskiej w świecie, może być inspiratorem wielu krajowych poczynań i uczestnikiem dyskusji, ale nie może spełniać w stosunku do kraju roli przywódczej.

Taka właśnie sytuacja ukształtowała się w ciągu ostatnich dziesięciu lat. Emigracja ma te sprawy dobrze przemyślane. Zna lepiej niż ludzie w kraju swoje możliwości i swoje ograniczenia. Zna też swe wzory. Emigracja współczesna pamięta o roli Wielkiej Emigracji, która zrodziła Adama Czartoryskiego i Hotel Lambert, a także wielkie dzieło romantyków. Emigracja pamięta o Mickiewiczu i Chopinie, o Słowackim i Mochnackim, o Krasińskim i Norwidzie, o roli Paderewskiego w Stanach Zjednoczonych i Dmowskiego na konferencji wersalskiej; pamięta, że emigrantem był Piłsudski i bywał nim Witos. Sięgając przeto do przeszłości, a także do doświadczeń exulów powojennych, formułuje dzis emigrant postulat pod adresem kraju: „przyjeżdżajcie, tu jest tyle do zrobienia!"

Każdy z nas, krajowców, musi szukać we własnym sumieniu odpowiedzi na ten apel. Moja odpowiedź brzmi: na emigracji jest dostateczna ilość osób wybitnych, także z kręgu „Solidarności", by przyjazd kogokolwiek z nas mógł w tej materii cokolwiek zmienić. Tu, w kraju, jest również wiele do zrobienia. Tak wiele, że każdy wyjazd pozostawia lukę. To prawda – tutaj wszelką lukę łatwiej wypełnić. Ale prawdą jest też, że każda decyzja emigracyjna odbierana jest – nie twierdzę, że zasadnie – jako upadek nadziei. Sam sobie nieraz stawiałem to pytanie, bowiem wielu ludzi namawiało mnie na wyjazd za granicę. Odpowiadałem im zawsze z całą szczerością, że osobiście uważałbym swój wyjazd za ucieczkę przed niebezpieczeństwem. Wiem, że motywy różnych ludzi mogą być różne. Wiem także, że nie wolno mi nikomu czynić z takiego postępowania zarzutu, bo nikt od nikogo nie może wymagać, by godził się długie lata swego życia spędzać w więzieniu lub – co może gorsze – w codziennym oczekiwaniu na uwięzienie. Jednak sobie samemu – wolno. Dlatego póki mi sił starczy, będę tutaj, w Polsce, robił wszystko, by uczynić mój kraj choćby trochę bardziej wolnym. Będę też czynił wszystko, by zacieśnić więzi pomiędzy krajem a emigracją, bo tędy wiedzie jedna z polskich dróg do wolności.

Znaczenie emigracji w budowaniu polskiej duchowości jest znane. Znany jest dobrze niezwykły dorobek polskiego piśmiennictwa na obczyźnie, zwłaszcza wyrosły w kręgu *Kultury* paryskiej. Znany jest też – i doceniany przez komunistyczną policję – dorobek środowiska *Aneksu*, pisma pomarcowej emigracji i *Zeszytów Literackich*, pisma emigracji najnowszej. Byłoby mnożeniem banałów przypominanie roli instytutów historycznych na obczyźnie czy słanej nam pomocy materialnej w postaci sprzętu poligraficznego. O znaczeniu polskojęzycznych audycji radiowych nawet mówić nie warto – Jerzy Urban

107

oddaje im hołd bezsilnymi obelgami podczas kolejnych konferencji prasowych. Teraz zaś rodzą się nowe niezwykłe możliwości: telewizja, technika video... Zwykły namysł nad sytuacją podziemnej „Solidarności" i nad sytuacją kultury polskiej wystarczy, by stwierdzić, że rozsiani w świecie Polacy są nieodłącznym fragmentem sprawy wspólnej, sprawy polskiej. Samym swoim istnieniem dowodzą oni codziennie, że nasi generałowie nie są reprezentantami Polski, lecz samych siebie. Dlatego tak bardzo stoją emigranci kością w gardle naszym generałom.

Polaków w świecie jest wielu. Mogą stanowić wielką siłę. Mogą...

Zagrożenia towarzyszące społecznościom wygnańczym są równie znane, jak ich dokonania. Zbyt wiele napisano już o „niewczesnych zamiarach" i „potępieńczych swarach", by poświęcać tu miejsce moralizującym opisom emigracyjnych chorób. Poprzestańmy na kilku uwagach konkretnych, bo ta perspektywa dialogu z emigracją wyda się bardziej płodna.

Za słabość emigracyjnego planu wydawniczego uważam przesadne skupienie na polskich sprawach. Polonocentryzm jest zrozumiałą cechą polskiej emigracji, ale polonocentryzm przesadny wiedzie ku zawężaniu perspektywy, ku partykularyzmowi zaścianka. Ten akcent, rażący w piśmiennictwie krajowym, tym bardziej razi w piśmiennictwie emigracyjnym. I tak, uderzającym brakiem emigracyjnych wydawnictw jest nieobecność książek o socjologii funkcjonowania dyktatur i historii różnych dróg ku demokracji. Brak też prac o technikach i dziejach antytotalitarnego oporu. Nie wierzę, by takie książki nie powstały w Hiszpanii i Grecji, w Portugalii czy wśród chilijskich emigrantów. Brak też syntetycznych ujęć historii komunizmu, brak również analitycznych opisów konkretnych jego wcieleń w Europie, o innych kontynentach (Chiny i Kambodża, Kuba i Nikaragua) już nie wspominając. A przecież istnieją takie prace na temat Węgier, Czechosłowacji i – zwłaszcza – Związku Sowieckiego. Brak też książek o stosunku Stanów Zjednoczonych do polityki sowieckiej na przestrzeni kilku dziesięcioleci.

Wymieniam tę garść przykładów w nadziei, że może ktoś mądry spośród emigrantów przeczyta te uwagi i odnajdzie w nich nieco sensu.

Emigracja jest terenem, gdzie najłatwiej nawiązać trwałe więzi z ośrodkami politycznymi wygnańców innych narodów poddanych totalitarnej opresji. Emigracja jest też szansą dla trwałego drążenia prawdziwą informacją międzynarodowej opinii publicznej. Emigracja jest tedy trwałym elementem polskiej strategii wolnościowej.

Także strategii nakierowanej na porozumienie. Bowiem nie wydaje się możliwe, by ewentualny kompromis spowodował zanik fenomenu polskiej diaspory. Jeśli porozumienie cząstkowe – na wzór na przykład Sierpnia 80 – nie kończy jej politycznej roli, to samego zjawiska istnienia w świecie polskich skupisk nie zakończy również pełna niepodległość i rozwinięta demokracja. Póki zaś pozostanie na obczyźnie polska społeczność, póty wciąż na nowo warto podejmować namysł nad jej relacjami z krajem.

X

PRZYJMUJĄC formułę działań długookresowych i postulat kompromisu jako istotnego celu tych poczynań, warto dokładnie rozważyć, co może, a co nie może być przedmiotem dialogu i porozumienia. Instruktywnej lekcji dostarcza nam w tej materii najnowsza historia Kościoła katolickiego. Niedawno minęła 35 rocznica podpisania porozumienia między państwem a Kościołem. Partyjni autorzy rocznicowych artykułów nie ukrywali, że uważają układ z 1950 roku za wzór dla porozumień przyszłych. Warto tedy poświęcić temu wydarzeniu sprzed lat chwilę uwagi.

Poprzedziły je wyniszczające represje. Po zlikwidowaniu podziemnego oporu i opozycyjnych partii politycznych (Stronnictwo Pracy, PSL, potem PPS), po „bitwie o handel", przyszła kolej na „bitwę o Kościół". Proces ten postępował równolegle we wszystkich państwach satelickich. Na Węgrzech zapadł wyrok skazujący na kardynała Mindszentyego. W Czechosłowacji uwięziono biskupów, a do komunistycznego rządu powołano Plojhara, księdza-kolaboranta. Także w Polsce coraz głośniej było o księżach więzionych pod zarzutem kontaktów z podziemiem oraz o tak zwanych księżach-„patriotach", kapłanach powolnych wobec nacisków, szantaży i żądań funkcjonariuszy aparatu bezpieczeństwa. W tej sytuacji – w lipcu 1949 roku – Stolica Apostolska podjęła decyzję o ekskomunice osób współpracujących z komunistami. Rząd komunistyczny w Polsce odpowiedział natychmiast specjalnym oświadczeniem.

Dekret św. Oficjum stanowi – głosiło rządowe oświadczenie – „nadużycie autorytetu Kościoła dla spraw nie mających nic wspólnego z religią. (...) Kto usiłuje dyskryminować kogokolwiek za przynależność do partii robotniczej lub jej popieranie, ten godzi w Państwo Ludowe". Dekret „jest wyzwaniem pod adresem ruchu robotniczego, który zawsze był solą w oku reakcji", zaś jego ostrze skierowane jest „przeciwko tym, którzy dźwigali na sobie główny ciężar walki z faszystowskim zdziczeniem, w imię wolności i niepodległości narodów", zaś „właśnie w stosunku do faszyzmu i hitleryzmu, który dopuścił się najjaskrawszych zbrodni w dziejach ludzkości, Watykan zachował postawę pełną wyrozumiałości i tolerancji, w istocie zaś wręcz mu sprzyjał". Rząd widział w dekrecie „próbę wywołania zamętu i rozbicia jedności narodowej" oraz nawrót do „tradycji średniowiecznych walk władzy papieskiej przeciwko władzy państwowej, walk hierarchii kościelnej przeciw państwu, walk, które tak smutną rolę odegrały w historii Polski. Wspomniana uchwała nie jest niczym innym, jak nową, awanturniczą próbą zastraszenia wierzących celem przeciwstawienia ich władzy ludowej".

Towarzyszył tym słowom zakaz rozpowszechniania dekretu i pogróżka: „władze państwowe strzec będą poszanowania uczuć religijnych wierzących i swobody wykonywania praktyk religijnych, nie dopuszczając w tym zakresie do żadnej dyskryminacji; (...) władze państwowe będą z całą surowością prawa ścigać wszelkie wystąpienia, które grożą zakłóceniem porządku publicznego lub zmierzają do osłabienia ustroju demokracji ludowej, wywalczonego wysiłkiem ludu pracującego i państwa ludowego, stojącego na straży niepodległości oraz praw i zdobyczy ludzi pracy".

Jednocześnie – dla uwiarygodnienia tych słów – kolejni księża powędrowali do więzień, zaś polityka wobec dyspozycyjnych księży-„patriotów" jawnie formułowała groźbę schizmy.

W tej sytuacji Prymas Polski podjął ryzykowną decyzję zawarcia porozumienia z komunistycznym rządem. Episkopat zadeklarował w nim, że „wezwie duchowieństwo, aby w pracy duszpasterskiej zgodnie z nauką Kościoła nauczało wiernych poszanowania prawa i władzy państwowej; wezwie duchowieństwo, aby w swej działalności duszpasterskiej nawoływało wiernych do wzmożonej pracy nad odbudową kraju i nad podniesieniem dobrobytu Narodu", „będzie się przeciwstawiał wrogiej Polsce działalności". Dalej: „wychodząc z założenia, że misja Kościoła może być realizowana w różnych ustrojach społeczno-gospodarczych, ustanowionych przez władzę świecką, Episkopat wyjaśni duchowieństwu, aby nie przeciwstawiało się rozbudowie spółdzielczości na wsi, ponieważ wszelka spółdzielczość w istocie swojej jest oparta na etycznym założeniu natury ludzkiej, dążącej do dobrowolnej solidarności społecznej, mającej na celu dobro ogółu". Także: „będzie potępiał wszelkie wystąpienia antypaństwowe, a zwłaszcza nadużywanie uczuć religijnych w celach antypaństwowych" oraz będzie traktować działalność „band podziemnych" jako „zbrodnie". Wreszcie: „będzie piętnował i karał konsekwencjami kanonicznymi duchownych, winnych udziału w jakiejkolwiek akcji podziemnej i antypaństwowej". Będzie także popierał „walkę o pokój".

Rząd ze swej strony przyrzekł: nie ograniczać „obecnego stanu nauczania religii w szkołach" i stworzyć dogodne warunki do jej nauczania, zapewniono możliwość funkcjonowania KUL, stowarzyszeń

110

katolickich, prasy i wydawnictw katolickich, zagwarantowano swobodę działalności charytatywnej, dobroczynnej i katechetycznej oraz organizacji pielgrzymek, procesji etc., zagwarantowano też status kapelanów wojskowych, szpitalnych i więziennych, wreszcie całkowitą swobodę działania zakonów. Podczas lektury tego dokumentu najbardziej uderza jego język. W każdym sformułowaniu widać, jak zaciętą walkę toczyli biskupi o kształt porozumienia i jak nie udało się im uniknąć zgody na komunistyczną nowomowę. Ten język warto studiować ze szczególną wnikliwością. Cóż to bowiem oznacza, że Kościół „będzie potępiał wszelkie wystąpienia antypaństwowe"? Jakie treści kryją się w określeniu „antypaństwowy"? Czy obywatelski postulat zmiany struktur organizacji państwa jest „antypaństwowy"? Czy krytyka struktur istniejących podpada pod takie określenie? I kto miałby ustalać i oceniać, gdzie kończy się, a gdzie zaczyna „antypaństwowość"? Dalej – co to znaczy „nadużywać uczuć religijnych w celach antypaństwowych"? Cóż oznacza pojęcie „celu antypaństwowego"? Czy chodzi tu o „antypaństwowy" skutek czy też o „antypaństwową" intencję?

Każde z tych sformułowań jest rozciągliwe jak guma, a użyteczne jak gumowa pałka – przy dowolnej okazji można uderzyć oponentów. Bo to przecież komuniści decydować mieli, iż stronnictwo do wczoraj sojusznicze od dziś jest organizacją „antypaństwową", a czczony przywódca przeobraża się w mgnieniu oka w zapiekłego „wroga ludu". To oni wyrokowali, że „poszanowanie prawa i władzy państwowej" to tyle, co aktywne donosicielstwo. To oni przemocą i prowokacją narzucali rolnikom kolektywizację, której Kościół udzielić miał swego błogosławieństwa. Miał też błogosławić „wzmożoną pracę", a za to obiecać, że „potępiając zgodnie ze swymi założeniami każdą zbrodnię, zwalczać będzie zbrodniczą działalność band podziemia". O zbrodniczej działalności aparatu bezpieczeństwa nie było w „porozumieniu" wzmianki, bowiem – jak wiadomo – kierowane przez Stanisława Radkiewicza Ministerstwo Bezpieczeństwa Publicznego (MBP) zajmowało się jedynie ochroną prawa i wolne było od błędów oraz wypaczeń.

Zgoda na sformułowanie „zbrodnicza działalność band podziemia" była kapitulacją przed komunistyczną nowomową. Trudno to określenie komentować. Można sobie tylko wyobrazić stan ducha tysięcy uwięzionych AK-owców, których obdarowano taką kwalifikacją w dokumencie sygnowanym przez katolickich biskupów. Można sobie też wyobrazić ich zaskoczenie po odczytaniu punktu „porozumienia" będącego faktycznym poparciem dla sowieckiej „walki o pokój" w chwili rozpętywania wojny koreańskiej.

Biograf kardynała Wyszyńskiego tak oto komentował powyższe punkty:

„Opowiedzenie się za wysiłkami pokojowymi i przeciw zbrojnemu podziemiu było z pewnością sukcesem rządu, ale w aktualnej sytuacji akcja zbrojnego podziemia była szkodliwa nie tylko dla rządu, ale i dla substancji biologicznej wykrwawionego narodu polskiego".

Nie podzielam tej oceny. W 1950 roku podziemie zbrojne nie stanowiło już żadnego realnego zagrożenia ani dla władzy, ani dla „substancji biologicznej". Z tego punktu widzenia deklaracja biskupów nie miała żadnego znaczenia. Natomiast sam język „porozumienia", przyjmując komunistyczne słownictwo i obelżywe kwalifikacje postaw narodowego oporu, zadawał temu oporowi cios. Na tym właśnie polegał sukces komunistów, którzy zgodnie ze stalinowską obyczajowością postanowili unurzać swego przeciwnika w błocie przed ostatecznym unicestwieniem. Samokrytyka miała wyprzedzać egzekucję. Jednocześnie „porozumienie" otwierało drogę do ingerencji aparatu bezpieczeństwa w wewnętrzne sprawy Kościoła. Skoro przyrzeczono, że Kościół „będzie piętnował i karał konsekwencjami kanonicznymi duchownych winnych udziału w jakiejkolwiek akcji podziemnej i antypaństwowej", to już tylko partyjnym zadaniem dla podwładnych Stanisława Radkiewicza było zorganizowanie prowokacji i spreparowanie dowodów winy niewygodnych księży.

Dla ludzi kierujących się w codziennym postępowaniu elementarnymi wymogami etyki chrześcijańskiej, treść „porozumienia" musiała być wstrząsem. Pozostawało im już tylko wielkie zaufanie do mądrości Prymasa i wiara, że ów młody Prymas wie, co robi. Bo też w istocie wiedział on, co robi. Nie miał nadmiernych złudzeń co do intencji partnera. Jeśli komuniści oskarżali go, że chce „przeczekać", to było w tych oskarżeniach źdźbło prawdy. Rzecz prosta, Prymas nie był tak naiwny, by liczyć na szybki upadek ustroju komunistycznego. Jednak – jak wyznał w „Zapiskach więziennych" – rachował istotnie na pewne zelżenie kampanii antykościelnej i antyreligijnej. Znajomość historii dyktowała mu domysł, że – tak jak na przykład w Meksyku czy w ZSRR podczas wojny – represje antykościelne nowych władz stracą swój pierwotny impet, a normalne trudności sprawowania władzy podsuną rozwiązania kompromisowe w miejsce eksterminacyjnych. „Odwilż" i Październik 1956 roku pokazały, że diagnoza Prymasa była bezbłędna.

Jednak spektakularny tryumf poprzedziły wydarzenia dramatyczne. Przypomnijmy tylko: likwidacja instytucji życia katolickiego, liczne uwięzienia księży i biskupów, dekret z początku 1953 roku zezwalający na ingerencję w proces obsadzania stanowisk kościelnych, prowokacyjny proces biskupa Kaczmarka potępiony publicznie przez kardynała Wyszyńskiego, uwięzienie Prymasa we wrześniu 1953 roku i akceptacja tego faktu przez innych biskupów. Komuniści nie dotrzymali – bo też od początku nie zamierzali tego czynić – żadnego ze swych zobowiązań. Prześladowania Kościoła nie ustały. Mimo to jednak Kościół zyskał trzy i pół roku. Inaczej mówiąc, decydując się na kompromis w 1953 roku, kardynał Wyszyński miał jasną świadomość, że ryzykuje niezrozumienie w Stolicy Apostolskiej i w własnym społeczeństwie. Mógł podjąć to ryzyko tylko pod warunkiem pełnej gotowości do obrania drogi męczeństwa, gdy okoliczności tego od niego zażądają. Tej dialektyce ugody i niezłomności, która okazała się wielką polityczną mądrością, zawdzięczał swój późniejszy tryumf i niezwykły autorytet w społeczeństwie.

Na drogę postępowania kardynała Wyszyńskiego należy spojrzeć w kontekście epoki, na tle kapitulanckiego stanowiska jednych (ks. Plojhar) i sztywnej niezłomności drugich (kardynał Mindszenty). Prymas Polski podążył drogą własną, w pełni oryginalną i nieoczekiwanie skuteczną. Dlatego każdy, kto podejmuje zamysł nad relacjami Kościół-państwo w Przodującym Ustroju winien usytuować doświadczenie polskiego Prymasa w centrum swej uwagi. Winien wszakże rozumieć złożoność tego doświadczenia. „Porozumienie" z 1950 roku było jego składnikiem równie istotnym, jak „Non possumus" wypowiedziane w 1953 roku. Są to dwie twarze tej samej idei. Pierwsza twarz – gotowość do kompromisu nie może mieć na celu uniknięcia trudności, lecz wyłącznie dobro Kościoła. Druga twarz – są sprawy, które nie mogą być przedmiotem kompromisu.

„Mówimy, by co cesarskie, oddać Cezarowi. Gdy jednak Cezar siada na ołtarzu, powiadamy – nie wolno". Tak pokrótce da się streścić rozumowanie kardynała Wyszyńskiego. Temu rozumowaniu pozostał wierny przez całe swoje prymasowskie posługiwanie. Wiedział dobrze – i tłumaczył to w Stolicy Apostolskiej – że porozumienia z komunistami są niemożliwe, bo komuniści żadnych umów nie dotrzymują. Nie tylko zresztą z powodu złej woli i przyrodzonej skłonności do oszustw; po prostu w ich filozofii politycznej nie ma ani miejsca, ani kategorii pojęciowych na trwałe uznanie obecności niezależnego partnera w życiu politycznym. Dlatego wszelkie formalne „porozumienia" są dla nich inną formą tej samej walki, która ma za cel totalne unicestwienie partnera. Z tych stwierdzeń nie wyciągnął jednak Prymas wniosku, że kompromis i koegzystencja nie są możliwe. Twierdził jedynie, że póki komuniści siłę prawa zastępują prawem siły, póty porozumienia muszą dotyczyć konkretów i fundowane być winny na sile Kościoła i jego więzi z narodem, nie zaś na zaufaniu do dobrej woli komunistycznych partnerów. Realizując tę linię, doprowadził Prymas Kościół do dzisiejszej potęgi.

Nie wiem, czy – pozbawiony dokumentów i innych źródeł – poprawnie zrekonstruowałem wiodącą ideę Wielkiego Prymasa. Nie chciałbym wszakże wzbudzić w czytelniku tych uwag przekonania, że przyłączam się oto do chóru bezkrytycznych apologetów kardynała Wyszyńskiego. Myślę, że ta wybitna i złożona osobowość, funkcjonująca w wyjątkowo trudnej i skomplikowanej epoce, zasługuje na wizerunek bardzo wycieniowany i bynajmniej nie wolny od rysów krytycznych. Żadna ze znanych mi publikacji nie dorasta swym kształtem do wymiaru Prymasa. Apologetyczne czytanki serwowane przez publicystykę katolicką raczej zaciemniają obraz dramatyzmu epoki i niezwykłości misji kardynała Wyszyńskiego. O publicystyce partyjno-oficjalnej nawet nie warto wspominać: służalstwo i zakłamanie wyparło z niej nawet pozór uczciwej i samodzielnej myśli. Któż więc może podjąć trud tego zadania? Prasa podziemna? Prasa emigracyjna? Andrzej Kijowski? Bohdan Cywiński? Nie wiem...

Wiem natomiast, że z trudnej lekcji dokonań kardynała Wyszyńskiego wynikają istotne wnioski dla współczesnej refleksji o porozumieniu. Spróbujmy je zreasumować.

Po pierwsze – porozumień z komunistami nie można zawierać pod dyktatem represji i w nadziei, że ono represje powstrzyma. Komuniści nie są zwolennikami ideału Tadeusza Kotarbińskiego: „ani jednego ciosu ponad potrzebę". Ich represyjną politykę powstrzymać może tylko opór.

Po drugie – dopóki komuniści nie zrezygnują ze swej doktryny o kierowniczej roli partii (czyli o władzy nomenklatury) jako legitymacji swego panowania, dopóty wszelkie porozumienie z nimi musi nosić cechy prowizorium i winno być traktowane jako element ich strategii walki o unicestwienie partnera.

Po trzecie – efektem porozumienia musi być zgoda na zasadę podmiotowości społeczeństwa, ta zasada nie może być przedmiotem negocjacji. Kompromis dotyczyć może form i granic podmiotowości, lecz nie jej istoty. Inaczej mówiąc, uznanie istnienia niezależnej i samorządnej „Solidarności" musi być punktem wyjścia dla ewentualnego dialogu, a nie przedmiotem kompromisów.

Po czwarte – porozumienie nie może być sformułowane w języku komunistycznej nowomowy. Nie wolno na przykład aprobować formuły o „kierowniczej roli partii", bo ta formuła z założenia swego jest niejasna i podatna na dowolne interpretacje. Można natomiast zadeklarować, że „Solidarność" nie dąży do objęcia władzy w państwie – i dotrzymać słowa – bo tu dokładnie i jednoznacznie wiadomo, jaka jest treść zobowiązania.

Po piąte – porozumienie może być tylko następstwem naszej siły i odwagi, a nie tchórzostwa i ciągłej gotowości do ustępstw. Nie kolaboranckie oferty, a właśnie dzisiejsza odwaga i bezkompromisowość torują drogę jutrzejszym rozważnym kompromisom.

Po szóste – wiemy już, że Kościół ma swoją tradycję funkcjonowania w ustrojach totalitarnych. Wiemy przeto, że Episkopat może być zmuszony – jak był zmuszony w 1950 roku – do daleko idących kompromisów i ustępstw. Język porozumień Episkopatu z rządem także może wzbudzać różne emocje, bowiem i on może być wynikiem kompromisu. Należy o tym pamiętać. Należy mieć dobrą wolę rozumienia trudnej i złożonej sytuacji katolickich biskupów, którzy najlepiej wiedzą, w jaki sposób zespolić w swym postępowaniu wymóg dyplomacji z potrzebą świadectwa. Należy tedy ufać, że tak jak w okresie stalinowskim, tak i dzisiaj polscy biskupi nie cofną się w godzinie próby. Jednak postulat rozumienia sytuacji Episkopatu – stwierdźmy to jasno – nie oznacza bynajmniej wezwania do naśladownictwa.

Nam, „Solidarności", porozumień na kształt tego z 1950 roku dzisiaj zawierać nie wolno.

XI

W CIĄGU ostatnich dziesięciu lat polityka władz wobec Kościoła przeszła znamienną ewolucję. Edward Gierek był pierwszym przywódcą polskich komunistów, który zrozumiał, że w wojnie religijnej z Kościołem komuniści nie mają żadnych szans na zwycięstwo, zaś tracą szansę wyzyskania autorytetu Kościoła dla utrzymania stabilizacji i rozładowania napięć. Dobre stosunki z Kościołem miały pełnić tę samą funkcję, co zagraniczne kredyty – były ceną płaconą za spokój i rezygnację z reform. Stąd też kilka ostatnich lat gierkowskiego panowania charakteryzowało się unikaniem zadrażnień i konfliktów w stosunkach z Kościołem. Wybór papieża-Polaka wzmocnił dodatkowo tę tendencję. Symbolem tych relacji była homilia Prymasa Polski wygłoszona na Jasnej Górze w sierpniu 1980 roku.

Zdecydowane opowiedzenie się Prymasa za przerwaniem strajków – przed zawarciem porozumień! – wzbudziło później wiele krytycznych komentarzy. Okazało się – przede wszystkim – że nawet autorytet wielkiego Prymasa ma swoje granice i nie może zastąpić demokratycznych reform. Także dobre stosunki władz państwowych z Kościołem nie mogą zastąpić porozumienia ze społeczeństwem, choć mogą temu porozumieniu sprzyjać, będąc jego istotnym elementem. Okazało się również, że najwybitniejszy nawet książę Kościoła może dysponować fałszywą oceną sytuacji. Dowodem tego było, że strajkujący robotnicy nie usłuchali wezwania Prymasa. Wreszcie okazało

115

się – po raz kolejny – że istnieje realna szansa znalezienia wspólnego języka pomiędzy władzami państwowymi a Episkopatem w chwili wielkiego społecznego wstrząsu.

Od tego momentu z prasy i telewizji, z przemówień partyjnych przywódców i z deklaracji rządowych zniknęły najdrobniejsze nawet akcenty polemiczne w stosunku do Kościoła. Zastąpiła je – żenująca chwilami, bo pisana wazeliną – feeria pochwał, komplementów i umizgów. Jeden z najbardziej znanych pałkarzy dziennikarskich, Ignacy Krasicki, wystąpił na łamach *Trybuny Ludu* z wielką pochwałą Prymasa Polski i obroną jego linii postępowania przed krytyką redakcji *Kultury* paryskiej. Dziennik telewizyjny przez cały ten czas był tak pełen pobożności, że nieprzygotowany widz przecierał ze zdumienia oczy. Nawet agencja TASS wzięła gościnnie udział w tym festiwalu na cześć Episkopatu, cytując z zachwytem nieprzemyślany atak ks. Alojzego Orszulika na KOR i Jacka Kuronia.

Kościół funkcjonował w tych burzliwych miesiącach jako czynnik kompromisu i hamulec bezpieczeństwa. Wśród komplementów oficjalnej propagandy i wielkiego autorytetu w społeczeństwie Episkopat wielokrotnie swym pojednawczym głosem dopomagał szukaniu rozwiązań kompromisowych. Do chwili sierpniowych porozumień – myślę – Prymas nie wierzył w możliwość powstania niezależnych związków zawodowych. Wynikało to z jego wizji ustroju komunistycznego, nie widział możliwości zaistnienia w nim mechanizmów autokorekcyjnych. Dlatego nie znajdował w nim miejsca na inną podmiotowość niż podmiotowość Kościoła katolickiego.

W rozumowanie jego wpisany był lęk przed sowiecką interwencją. Towarzyszył mu przez wszystkie lata. Podyktował mu stanowisko pełne umiaru i kompromisu w 1956 roku, gdy – inaczej niż kardynał węgierski – wzywał do spokoju i respektowania geopolitycznych realiów. Ten sam lęk nakazywał mu – jak kardynałowi chilijskiemu w przeddzień wojskowego zamachu stanu – chłodzenie emocji i wezwanie do ugody. Była to polityka mądra i konsekwentna.

Wszelako sądzę, że kardynał Wyszyński nie do końca rozumiał fenomen „Solidarności". Ostatnie trzydzieści lat nauczyło go nieufności do ruchów masowych i zinstytucjonalizowanych. Znał dobrze skutki wieloletnich totalitarnych rządów i ich wpływ na mentalność społeczeństwa. Wiedział, że euforia sierpniowych strajków nie może z dnia na dzień tej mentalności do końca wykorzenić. Lękał się tedy wpływu na „Solidarność" rozmaitych ludzi i tendencji politycznych, których nie rozumiał, którym nie ufał, na które nie miał żadnego wpływu. Bał się powszechnego braku odpowiedzialności i bał się prowokacji.

Trudno mu się dziwić. Do sierpnia 1980 roku porozumienie narodowe oznaczało dlań w istocie porozumienie między państwem a

Kościołem. W tym ujęciu jedynymi autentycznymi rzecznikami interesu narodowego Polaków byli katoliccy biskupi. I oto pojawili się inni reprezentanci – przywódcy strajkowi. Nasuwało się pytanie: kto stoi za tymi ludźmi? To kierowało wzrok ku tak zwanym doradcom. Niewielu było wśród nich osób w pełni dyspozycyjnych wobec Episkopatu. Szacunek dla Kościoła nie czynił ich jednak – nawet gdy byli katolikami – „delegatami" Episkopatu przy „Solidarności" – byli niezależni i samorządni.

To samo – w większym jeszcze stopniu – dotyczyło ludzi ze środowiska KOR-u. Przez cały okres istnienia Komitetu Obrony Robotników stosunek Prymasa do korowskich inicjatyw nacechowany był swoistą dwuznacznością. Z jednej strony – Prymas wielokrotnie występował w obronie prześladowanych, a nawet w obronie niektórych niezależnych inicjatyw (szczególnie głośne było jego wystąpienie w sprawie „Latającego Uniwersytetu"). Z drugiej wszakże strony w otoczeniu Prymasa formułowano pełne podejrzliwości znaki zapytania. Eksponowano laickość i lewicowość niektórych z członków KOR-u, przemilczając przy tym obecność na przykład katolickich księży, przypisywano korowcom brzydkie intencje. Ich poczynania charakteryzowano jako polityczną grę, której Kościół winien się starannie wystrzegać.

Istnienie KOR-u było czymś niezrozumiałym. Przecież Komitet Obrony Robotników rzucił wyzwanie potężnemu aparatowi i... nie został unicestwiony. Już to wzbudzało podejrzenia. Były one wspierane falą pomówień, że KOR to formacja byłych stalinowców, ludzi prowadzących skomplikowaną grę polityczną w porozumieniu z jakąś koterią partyjnego aparatu. Tych bredni – zwykle upowszechnianych w formie insynuacji – nie było jak prostować. Nie przeszkodziły one zresztą, że KOR z wolna wyrastał na nowy czynnik w życiu publicznym i nowy autorytet w publicznych sporach. Z kół rządowych wielokrotnie dochodziły monity, że poparcie udzielane korowskim poczynaniom utrudni dialog rządu z Episkopatem. W perspektywie Kościoła aparat władzy był potęgą, zaś KOR – dość nielicznym gronem zdeterminowanych straceńców. Stąd brał się nakaz zachowania dystansu.

Toteż niektórzy biskupi i księża dystansowali się od KOR-u. Nigdy nie zapomnę wypowiedzi jednego z biskupów dla *Le Figaro*, gdzie zostało powiedziane, że my, korowcy, jesteśmy w tej samej mierze komunistami jak rządzący, z tym że daleko bardziej jadowitymi w swej wrogości do Kościoła i religii. Dopiero pod korowskimi rządami – wywodził ów biskup – Kościół doznałby prawdziwych prześladowań.

Wszelako pamiętam również serdeczne i pomocne słowa chrześcijańskiej otuchy, których nie szczędził nam biskup Ignacy Tokarczuk. Za to – między innymi – zasłużył sobie na tak wściekłą nienawiść morderców ks. Jerzego Popiełuszki, którzy obrzucili go niebywałym w swej nikczemności oszczerstwem (współpracy z gestapo). Słowem, KOR komplikował sytuację już przed Sierpniem. Po powstaniu „Solidarności" autorytet korowców był kłopotem jeszcze bardziej dokuczliwym. Bo oto ci straceńcy uzyskali wpływ na poczynanie wielomilionowego ruchu. A zarazem to ich nazwiska były tak bardzo „konfliktogenne", to ich atakowała prasa, to oni byli solą w sowieckim oku. I znów powracały pytania: kim są ci ludzie? kto za nimi stoi? Trockizm, eurokomunizm, masoneria? Te bezsensowne kwalifikacje dobrze trafiały do wyobraźni ludzi uformowanych przez spiskową koncepcję historii. Tacy ludzie są w różnych środowiskach. Nie brakowało ich też w „Solidarności", a i kler nie był od tej spiskowej historiozofii całkiem uwolniony. Dla przeciwników KOR-u – czymkolwiek kierowali się w swym postępowaniu – wizja korowców jako ludzi po prostu uczciwych była całkowicie bezużyteczna. W tym klimacie powstawały interpretacje mistyfikujące nasze poglądy i rodowody oraz znacznie wyolbrzymiające rolę korowców w Związku. Z nich brały się sądy o korowskim kryptokomunizmie i o penetracji Związku przez ludzi „służących niepolskim interesom". Chwilami miałem wrażenie, że tym stereotypom ulegało wielu działaczy „Solidarności", łącznie z Lechem Wałęsą.

Oczywiście, działając w Związku, korowcy chcieli mieć wpływ na jego linię. Jednak ich pomysły i diagnozy – nawet jeśli uznać je za chybione i błędne – nie miały nic wspólnego z przyklejanymi im etykietkami. Były one zresztą różne – „korowska mafia" istniała tylko w imaginacji. Nie było też prawdą, że to korowcy swą obecnością w Związku uniemożliwiali porozumienie z rządem. Po 13 grudnia okazało się naocznie, co było istotnym przedmiotem konfliktu.

Po 13 grudnia Episkopat, kierowany przez Prymasa Józefa Glempa, zajął stanowisko realistyczne i wyważone. Opowiadając się za porozumieniem, piętnując bezprawie i wspomagając prześladowanych, biskupi uczynili wszystko, by nie dopuścić do rozlewu krwi, w czym byli zresztą zgodni z przywódcami podziemnej „Solidarności".

Prymas Józef Glemp – mam wrażenie – zdefiniował sytuację polską w kategoriach epoki powstania styczniowego. Tak zrozumiałem jego przestrogi i przypomnienie przezeń osoby ówczesnego Prymasa, Zygmunta Szczęsnego Felińskiego. Arcybiskup Feliński – jak pamiętamy – uczynił wszystko, by zapobiec wybuchowi powstania, był przeciwny polsko-rosyjskiej konfrontacji, lecz w chwili krytycznej, jak przystało na Pasterza, zadeklarował pełną solidarność ze swą owczarnią zbuntowaną w obronie słusznych praw, za co zapłacił długoletnim zesłaniem w głąb Rosji. Symbol powstania styczniowego i postawy Prymasa Felińskiego był więc przestrogą o podwójnym adresie i skierowany był zarówno do społeczeństwa, jak i do władz. Na tę postawę aparat władzy odpowiedział manipulacją. Systematycznie deformując punkt widzenia Prymasa poprzez preparowanie jego wypowiedzi i sztuczne eksponowanie niektórych wątków, zrobiono wiele, by skłócić Kościół z „Solidarnością", a potem, by poróżnić biskupów między sobą. Prymas był demonstracyjnie chwalony przez te same gazety, które nie ustawały w opluwaniu „Solidarności", był kokietowany przez tych samych ludzi, którzy nas wsadzali do więzień. Nakładały się na to pewne wypowiedzi Prymasa w sposób oczywisty niezręczne, na przykład na temat bojkotu TV przez aktorów. Wzbudziły one w „Solidarności" wiele goryczy. Jej następstwem była fala krytyk Prymasa w prasie podziemnej i emigracyjnej. Znane też były liczne krytyczne głosy katolickich księży.

Cokolwiek by o tych krytykach sądzić, błędem jest identyfikowanie ich z postawą wrogą Kościołowi czy wręcz religii. Takie przedstawianie istoty sporu – w czym celuje pismo niezależne *Polityka polska* – jest, wierzę, że nieświadomym, dezinformowaniem biskupów. Nie wątpię bowiem, że publicyści tego pisma, którzy ze swego wyznania religijnego uczynili polityczny sztandar, pamiętają, iż wprowadzanie w błąd biskupa jest poczynaniem głęboko niestosownym. Papież Leon XIII mówił do historyków wszelkich wyznań: „Niech pomną przede wszystkim, że pierwszym prawem historii jest nie ważyć się kłamać, drugim zaś – nie obawiać się głosić prawdy". Zbrojny w tę maksymę pragnę przypomnieć, że od wieków wpisane jest w Kościół napięcie między świadectwem a kompromisem. Potrzeba świadectwa rodziła chrześcijańskich męczenników, potrzeba kompromisu – ugody z cezarami. Jedna i druga wszakże była potrzebą autentyczną, przeto dzieliły kler i wiodły do sporów. Losy Tartuliana i Orygenesa są tych procesów dobitnym świadectwem.

Kto sięgnie do tych spraw pamięcią, odnajdzie miarę sporów współczesnych. Nie szło w nich bowiem żadną miarą o renesans postaw antyklerykalnych czy wręcz antyreligijnych, lecz o częste rozczarowanie postawą Episkopatu, która bliższa była tradycji kompromisu niż tradycji męczeńskiej.

Po grudniowym zamachu wielu ludzi oczekiwało – zresztą najzupełniej bezzasadnie – pełnej identyfikacji Kościoła z prześladowanym Związkiem. Było to niemożliwe. Oczekiwanie niemożliwości nieuchronnie rodzi rozczarowania i frustracje. Ich owocem były owe ostre krytyki Prymasa. Nie twierdzę, że było to ich jedyne źródło. Nie twierdzę też, że żadną ze swych wypowiedzi Prymas nie dał podstaw do niejednoznacznych komentarzy. Twierdzę jednak, że właśnie ten nadmiar oczekiwań – a nie żaden obsesyjny antyklerykalizm – był źródłem podstawowym licznych nieporozumień. Aparatowi władzy bardzo taka sytuacja odpowiadała. Daniel Passent – dziś znów nawrócony na urzędowy antyklerykalizm – bronił na łamach *Polityki* linii Prymasa przed krytykami ze strony „Solidarności", a prasa wciąż donosiła o pomyślnie rozwijającym się dialogu z Kościołem. Jego efektem miała stać się druga pielgrzymka papieska do Polski.

Stało się jednak inaczej. Druga pielgrzymka była tak niezwykłą manifestacją polskiej woli wolności, a papieska nauka tak precyzyjną lekcją zasad na nadchodzący trudny czas walki o podmiotowość, że generałowie i sekretarze pojęli, iż nadszedł oto kres ich manipulatorskiej polityki. Dalsze kokietowanie Kościoła byłoby już tylko utrwalaniem jego autorytetu w społeczeństwie. Homila Prymasa (z września 1983 roku), w której wziął w obronę Wałęsę przed chamskimi atakami Rakowskiego, dopełniła miary. Dla komunistów stało się oczywiste, że ich zysk z papieskiej wizyty w postaci przełamania dyplomatycznej blokady nie równoważy strat politycznych wynikłych z umożliwienia Polakom demonstracji autentycznych dążeń.

Tak oceniłem sytuację, gdy w listopadzie 1983 roku napisałem w „liście z Mokotowa", że czas sielanki propagandowej wobec Kościoła minął. Daniel Passent zareplikował mi w *Polityce*, że w zupełności się mylę i wszystko pozostanie po staremu. Wkrótce potem zaczęły się ostre ataki na wytypowanych przez aparat bezpieczeństwa księży i wojna o krzyże – linia Episkopatu nie uległa zmianie. Prymas Glemp pozostał wierny swej zasadzie postulowania działań pojednawczych i łagodzenia ludzkich cierpień. Nigdy chyba – jak po 13 grudnia – nie pomagano tak bardzo ludziom prześladowanym, nigdy tyle troski nie włożono w sprawę więźniów politycznych. Jako jeden z tych, którzy tej pomocy doświadczyli, czuję się w obowiązku dać świadectwo prawdzie.

Jednak i tę troskę potrafili komuniści wykorzystać dla zastawienia pułapki: taki sens przecież miały negocjacje towarzyszące głośnej swego czasu sprawie uwolnienia tak zwanej „jedenastki" działaczy Związku. Nazwałem te rozmowy – na własny użytek – „pułapką negocjacyjną".

U jej źródeł tkwiły diametralnie odmienne intencje partnerów. Intencją Episkopatu była pomoc uwięzionym i spowodowanie ich uwolnienia. Intencją generałów było skompromitowanie uwięzionych przywódców związkowych oraz uniknięcie procesów politycznych, które poprzez swój rozgłos byłyby kompromitujące dla nich samych. Gdy nie przyniosły skutku propozycje opuszczenia Polski składane więźniom ustami Jerzego Urbana, generałowie postanowili posłużyć się Episkopatem, który przecież wciąż upominał się o uwięzionych. Ustalono więc przedstawienie nam – więzionym bezprawnie od trzydziestu miesięcy – propozycji uwolnienia za cenę deklaracji o uchyleniu się od udziału w życiu publicznym przez okres trzech lat. Towarzyszył temu zgrabny szantaż – w wypadku naszej zgody, generałowie gotowi byli ogłosić w lipcu amnestię dla wszystkich pozostałych więźniów politycznych. Z tym przyszli do nas wysłannicy, wśród których byli także nasi przyjaciele, ludzie o nieposzlakowanej uczciwości.

Perfidia pomysłu generałów była iście szatańska. Ludziom od tak dawna uwięzionym pod absurdalnymi zarzutami powiadano oto: możecie jutro opuścić więzienie i powrócić do swych bliskich, otwierając zarazem w lipcu bramy więzienne swym kolegom. Nigdy w życiu nie spotkałem się z bardziej obrzydliwym kuszeniem do zdrady.

Na czas tych pseudonegocjacji zablokowane zostały widzenia z rodzinami i adwokatami. Odcięci od świata, za kratami, mieliśmy podejmować decyzję. Czy wysłannicy, ludzie wolni, mogli powiedzieć do więźniów: macie odrzucić tę propozycję i nadal siedzieć w więzieniu? Oczywiście nie mogli tego uczynić.

Należałem do tych, którzy w sposób najbardziej kategoryczny te propozycje odrzucili. Uważałem, że status więźnia wyklucza udział w jakichkolwiek negocjacjach. Zrobiłem przeto wszystko, co było w mej mocy, by uniemożliwić ich dalszy ciąg, bo uznałem, że przemiotem rozmów jest zdrada.

Zapłaciłem za to wysoką cenę obrzucenia obelgami w *Tygodniku Mazowsze*, najbardziej miarodajnej gazecie prasy podziemnej. Póki byłem więziony – replikować nie mogłem. Gdy zostałem uwolniony – replikować na oszczerstwa nie chciałem. Teraz wszakże – z pewnego dystansu pragnę przedstawić motywy swego postępowania.

Byłem zdania, że cel naszych generałów jest aż nadto czytelny. Nie zależało im na głośnych procesach politycznych. Chcieli za wszelką cenę złamać opór społeczny i unicestwić „Solidarność". Zgoda jedenastki na ich propozycje byłaby dokładną realizacją tego zapotrzebowania. Byłaby zarazem świadectwem humanitaryzmu Przodującego Ustroju (tuż przed wyborami do rad narodowych!), a jednocześnie naszym aktem rezygnacji z wiary w sensowność oporu.

Uważałem tedy, że Episkopat przez swą dobrą wolę dał się złapać w „negocjacyjną pułapkę". Bowiem nasza kapitulacja byłaby nie tylko kompromitacją Związku, ale i Kościoła. Co więcej, byłaby stworzeniem precedensu. Następnego dnia generałom przyjść mógłby do głowy pomysł uwięzienia katolickiego biskupa, by negocjować jego skórę i proponować uwolnienie za cenę analogicznych deklaracji. Taka jest ich logika i trzeba ją znać, gdy podejmuje się z nimi rozmowy.

121

Jeśli komuniści nie chcą mieć kłopotu z problemem więźniów politycznych, to trzeba im każde uwięzienie uczynić tak kosztownym, jak to tylko możliwe. Taka była moja więzienna filozofia, która nakazała mi postawę aktywnej i integralnej niezgody na policyjne propozycje.

Nie przekonał mnie argument jednego z mych przyjaciół-negocjatorów, który twierdził, że przy okazji sprawy jedenastki władza po raz pierwszy po 13 grudnia zasiadła do stołu rozmów. Myślę, że nasi generałowie uwielbiają negocjacje na tematy ,,nienegocjowalne''. Chętnie negocjowali na temat wysłania do Rzymu ks. Popiełuszki, chętnie by ponegocjowali sobie na temat ujawnienia Bujaka, samolikwidacji TKK czy opuszczenia Polski przez Lecha Wałęsę. Taki właśnie sens miały rozmowy na temat warunków uwolnienia jedenastki. Ta droga – sądziłem – wiodła donikąd. Byłem przeto zdania, że ci, którzy pragną nam, uwięzionym, dopomóc, winni czynić generałom nasz pobyt w więzieniu coraz bardziej kosztownym. Winni tedy upominać się o status więźnia politycznego, o jawność procesów politycznych. Winni ujawniać fakty łamania prawa w śledztwie i postępowaniu sądowym oraz piętnować niesprawiedliwe wyroki. Do dziś nie rozumiem, dlaczego Episkopat nie obrał tej drogi...

Wybrano bowiem drogę poufnych rozmów i równie poufnych pism do władz. Dopiero męczeńska śmierć ks. Jerzego Popiełuszki pokazała, kim byli rozmówcy biskupów.

Mord na ks. Jerzym był zwieńczeniem metod stosowanych już wcześniej przez aparat bezpieczeństwa w walce z ,,Solidarnością'' i Kościołem, w walce toczonej przez totalitarną władzę z polskim społeczeństwem. Ten mord wstrząsnął do głębi narodem i Kościołem. Nie przerwał on jednak wojny policji z ,,Solidarnością'' i ataków na Kościół, raczej uwypuklił ich sensy i konteksty.

Przebieg procesu toruńskiego nadał zbrodni nowy wymiar. Kiedy czterech bandytów z MSW wespół ze świadkiem gen. Konradem Płatkiem i Leszkiem Pietrasińskim z Prokuratury Generalnej uczyniło z sali sądowej teren niebywałych ataków na Kościół – skrzętnie zresztą relacjonowanych przez prasę, radio i telewizję – stało się jasne, że obserwujemy realizację dobrze znanego scenariusza komunistycznej władzy. Kiedy, po atakach na biskupów, przyszedł czas na – niewyobrażalne dotąd – brutalne ataki na papieża, stało się oczywiste, że komuniści podbijają stawkę. Co chcą osiągnąć?

Chcą przez zastraszenie i szantaż zmusić Episkopat do rezygnacji z dotychczasowej pojednawczej linii.

Komentując proces toruński, pisali biskupi w ,,Komunikacie z 204 konferencji plenarnej Episkopatu'':

„Z procesem w Toruniu wiązano nadzieję na oczyszczenie atmosfery społecznej i na odbudowę wzajemnego zaufania. Niestety, przebieg procesu wzbudził wiele niepokojów. W toku rozprawy sądowej podjęto próby zdyskredytowania Kościoła, jego biskupów i kapłanów. Ataki te nie ograniczały się tylko do nieodpowiedzialnych wystąpień oskarżonych, nadto bowiem oskarżyciel publiczny dokonał próby zrównania ofiary zbrodni ze sprawcami morderstwa. Towarzyszyło temu tendencyjne relacjonowanie przebiegu procesu przez środki masowego przekazu. Jeżeli zaś dodać do tego inne, nieprzychylne Kościołowi, publikacje występujące ostatnio w liczbie od lat nie spotykanej, to nie sposób oprzeć się wrażeniu, że podjęto rozmyślną kampanię propagandową, która pod pozorem piętnowania tzw. «pozareligijnej działalności duchowieństwa» zmierza do zakłócenia stosunków między państwem a Kościołem. (...) Moralna ocena nie tylko postępowania, lecz i wszelkich instytucji wchodzi w zakres misji Kościoła i ma charakter religijny. Dlatego Kościół, wypełniając posłannictwo miłości, ma zawsze obowiązek zwalczać zło. Ma szczególny obowiązek to czynić, gdy zło pojawia się w życiu publicznym".

Nawiązując do tych stwierdzeń, Jerzy Turowicz, redaktor naczelny *Tygodnika Powszechnego* napisał:

„Kościół w swej trosce o prawdziwe dobro człowieka, nie może ograniczać się do głoszenia swej nauki i do zapoznawania z nią swoich wiernych. Ma on także prawo i obowiązek reagować na wydarzenia i sytuacje, oskarżać i potępiać niesprawiedliwość i przemoc, bronić pokrzywdzonych i uciemiężonych, domagać się sprawiedliwości i poszanowania godności i praw człowieka, w szczególności jego prawa do bycia podmiotem, do kształtowania własnego losu.

Ta krytyczna funkcja Kościoła w stosunku do społeczności świeckiej, funkcja prorocza, profetyczna, należy do istoty misji Kościoła w świecie. (...) Pełniąc tę funkcję profetyczną Kościół jest sumieniem ludzkości. (...) Z tej funkcji krytycznej wobec społeczności świeckiej Kościół nigdy nie zrezygnuje, należy ona do samej istoty jego misji w świecie".

W odpowiedzi na te uwagi *Trybuna Ludu* pisała:

„Jest to więc żądanie podporządkowania życia politycznego Kościołowi. (...) Autor bowiem przyznaje Kościołowi (...) prawo, ba! obowiązek niezmiernie szerokiej, więcej, wszechobejmującej działalności politycznej. Pozostawia jednak otwartą drogę do kwalifikowania jej (...) jako działalności religijnej. Potrzebne jest to zawsze wtedy, kiedy «zasady gry» stosowane w dziedzinie politycznej stają się dla Kościoła niewygodne".

Pisze też *Trybuna Ludu* o dążeniu Turowicza do pełnego „klerykalizowania życia publicznego" oraz o „głoszeniu roszczeń do nieograniczonej działalności politycznej, opatrzonej ponadto w gwarancję zwolnienia tej działalności od wszelkiej odpowiedzialności za nią".

Czytamy tam również: „Czasy absolutnej i nieodpowiedzialnej przed nikim teokracji dawno w cywilizowanym świecie minęły... Jak i czasy «profetycznych» kazań pod adresem «ludzi sprawujących władzę»".

Brzmi to jak wolna od kamuflażu pogróżka. Dziennik *Rzeczpospolita* gloryfikując treść i formę „porozumienia" z 1950 roku, przypomniał o „wystosowanym przez kardynała S. Wyszyńskiego wezwaniu do katolików, aby wzięli udział w wyborach do Sejmu" w styczniu 1957 roku.

Nawiązano tam również do dnia dzisiejszego: „Przywrócenie dialogowi między państwem a Kościołem rzymskokatolickim w Polsce właściwego rytmu możliwe jest jednak wyłącznie na gruncie poszanowania zasad ustrojowo-prawnych naszego państwa. Dialog nie może być bowiem parawanem dla działań ukierunkowanych na klerykalizację życia publicznego oraz dla wykorzystywania miejsc kultu religijnego do celów politycznych, wrogich państwu".

Taka jest teoria. A oto egzemplifikacje. O zamordowanym ks. Jerzym Popiełuszce mówił prokurator Pietrasiński podczas procesu toruńskiego:

„Cechowała go nienawiść do tej linii politycznej, a przede wszystkim socjalistycznego państwa, jego organów, ustroju, a także ludzi tę linię reprezentujących lub nawet tylko wspierających. Nie do porozumienia i zgody jako kapłan nawoływał; nie o pojednaniu, wybaczaniu i miłości bliźniego mówił, lecz o walce z ustrojem, państwem i jego organami. Nie do spokoju, ładu, porządku i poszanowania prawa nawoływał, lecz przeciwnie – siał nienawiść, lżył, poniżał, szydził, wzywał do niepokojów społecznych i niepokoje te podsycał nie tylko w Warszawie..."

Oto portret bohatera negatywnego. Wizerunek bohatera pozytywnego przyniósł dziennik *Rzeczpospolita* (marzec 1985 r.). Artykuł „Powołanie" traktuje o księdzu odznaczonym Medalem 40-lecia Polski Ludowej. W cytowanym wniosku Prezydium GRN w sprawie nadania odznaczenia, czytamy:

„ks. Pluta Roman, oddany społeczeństwu. (...) Wymieniony spełniał rzetelnie obywatelski obowiązek oddając pierwszy głos przy wyborach do rad narodowych i Sejmu, dając wkład pracy w tym zakresie, nawołując z ambony społeczeństwo do spełniania obywatelskich powinności".

Przewodniczący GRN i sekretarz PZPR wzbogacili ten obraz o własne opinie:

„Tuż po Nowym Roku, w pierwszym dniu pracy, z samego rana ksiądz Pluta przyszedł do nas z życzeniami. Przyszedł życzyć władzy pomyślności na cały rok. Nie ma takiego święta państwowego, by na plebanii nie wisiała flaga narodowa. Gdy 1 maja wypada w niedzielę, to ksiądz Pluta tak łączył msze i przesuwał, by wszyscy ludzie mogli iść na pochód. O wyborach to już na trzy tygodnie wcześniej mówił z ambony, zachęcał nas do głosowania. Ksiądz Pluta nigdy nie powiedział źle o władzy"

Oto pełny obraz oczekiwań komunistów od Kościoła. Wiadomo już, co powinni, a czego nie powinni księża. Biskupi zaś nie tylko powinni wzywać do udziału w głosowaniu, ale karać ochoczo księży wskazanych palcem przez funcjonariuszy MSW z departamentu płk. Pietruszki i kpt. Piotrowskiego. W przeciwnym razie generałowie inaczej z nimi porozmawiają (por. Leszek Pietrasiński), bowiem – zapewnia *Trybuna Ludu* – czasy absolutnej teokracji dawno już minęły.

Nie wiem, jak odpowiedzą biskupi na to wezwanie. Wiem, że ta odpowiedź będzie musiała uwzględnić ich niezwykle skomplikowaną sytuację. Wiem jednak i to, że nie będzie w Polsce wolności dla Kościoła, jeśli nie będzie jej dla całego społeczeństwa. Jednak samo sformułowanie tych pogróżek i szantażów przywodzi na myśl tak bardzo atakowany w prasie komunistycznej fragment z „instrukcji" na temat „teologii wyzwolenia". Powiedziano tam:

„Setki milionów ludzi nam współczesnych, w sposób uprawniony dąży do odzyskania podstawowych wolności, których zostali pozbawieni przez rządy w całej pełni totalitarne i negujące Boga. (...) Tej hańby naszych czasów nie wolno nie dostrzegać. Ludzie głoszący, iż przynoszą wolność, utrzymują całe narody w warunkach niewoli, całkowicie niegodnych człowieka. Ci, którzy nieświadomie stają się sprzymierzeńcami tego rodzaju uciemiężenia, okłamują ludzi, którym chcą pomagać".

Nie miejsce tu na opis zagrożeń związanych z możliwością nadużywania tych formuł przez polityczny klerykalizm. Nie miejsce tu na analizę relacji ateizm-totalitaryzm, której złożoności jestem świadom. Jedno jest wszakże bezsporne – z takim właśnie systemem przychodzi zmagać się dziś Polakom, takiemu systemowi muszą stawić czoła katoliccy biskupi. Złożoność ich sytuacji nakłada na obserwatorów obowiązek szczególnej wstrzemięźliwości w formułowaniu krytycznych uwag. Jeśli zaś krytyk uważa, że sumienie nie pozwala mu dłużej milczeć, niechaj wypowiada swe uwagi bez agresji i szyderstwa, z pełnym obiektywizmem i dobrą wolą.

Przed podróżą do Wielkiej Brytanii angielski dziennikarz postawił Prymasowi Glempowi pytanie:

„Niektórzy z wierzących krytykują Księdza Prymasa. Twierdzą, iż oczekują bardziej stanowczych słów i działań. Jaki jest stosunek Jego Eminencji do tych krytycznych głosów?"

Odpowiedź Prymasa brzmiała:

„Często widzę moją słabość i niewystarczalność. Za tych zaś, co szerzą oszczerstwa i narzucają punkt widzenia według swego interesu, modlę się, aby Bóg im przebaczył".

W tej odpowiedzi widzę wiele skrywanego bólu i poczucie niezasłużonej krzywdy. Nie chciałbym – i wierzę, że nie dałem ku temu podstaw – by na podstawie tych uwag być zaliczonym do tych, „co szerzą oszczerstwa i narzucają punkt widzenia według swego interesu".

XII

TAK się składa, że po 13 grudnia 1981 roku jedynymi ludźmi, którzy pragnęli z działaczami „Solidarności" rozmawiać na temat porozumienia, byli funkcjonariusze aparatu bezpieczeństwa. Wbrew pozorom nie jest to wcale status nowy dla osobników tej konduity.

W początkach 1945 roku udało się do Milanówka szesnastu przywódców polskiego podziemia. Wśród nich byli ludzie tej miary, co delegat rządu RP na kraj, Stanisław Jankowski, ostatni dowódca Armii Krajowej, gen. Leopold Niedźwiadek-Okulicki, przewodniczący porozumienia stronnictw podziemnych, Kazimierz Pużak. Mieli jechać na negocjacje z dowództwem Armii Czerwonej, a ich bezpieczeństwo było gwarantowane słowem honoru sowieckiego oficera-parlamentariusza. Ponieważ jednak honor uznany został przez ideologów Przodującego Ustroju za relikt epoki feudalnej, przywódcy polskiego podziemia wylądowali w celach moskiewskiego więzienia. Takie to były negocjacje – skazano ich pod wymyślonym zarzutem organizowania akcji dywersyjnej.

126

Głośne były też swego czasu negocjacje prowadzone przez płk. Jacka Różańskiego z uwięzionymi przywódcami Armii Krajowej. Ich efektem były kolejne procesy i kolejne cierpienia.

Także z nami próbowali nawiązać konwersację funkcjonariusze SB na terenach komisariatów i w obozach dla internowanych, w więzieniu mokotowskim i w innych więzieniach. Mówili o porozumieniu, ale oferowali tylko zaprzaństwo.

Niedawno ci sympatyczni ludzie zorganizowali spotkanie z Bogdanem Lisem w hotelu Hevelius, w pokoju z aparaturą podsłuchową. Ideą tego spotkania zaaranżowanego pod hasłem – jakżeby inaczej! – dialogu i porozumienia, było spreparowanie materiału, który mógłby być dla Bogdana Lisa nieco kompromitujący. W oparciu o ten właśnie spreparowany materiał Lis został w dwa tygodnie później uwięziony. Warto mieć te zdarzenia w pamięci, gdy przystępujemy do namysłu nad pytaniem o sensowność prowadzenia dialogu z funkcjonariuszami policji politycznej.

Brytyjski historyk, Ernest Bramstedt (streszczam za Franciszkiem Ryszką), sporządził studium o tym, jak policja polityczna kontroluje społeczeństwo poprzez wytwarzanie atmosfery strachu. „Katechizm użyteczności" funkcjonariuszy to: „siać strach w sercach i umysłach, paraliżować krytycyzm i niezależną myśl, łamać wolę wszystkich, którzy nie godzili się jota w jotę z reżimem". Policja polityczna „widziała konieczność stworzenia o sobie mitu organizacji niewidzialnej, wszechobecnej i wszechmocnej". „Obserwując skutki działania tajnej policji na zachowanie społeczeństwa – pisał Bramstedt – należy czynić rozróżnienie między następstwem aktualnych działań a mitem. Powstaje bowiem pytanie: jak masy ludzkie dowiadują się o tych działaniach? Przeważnie jest to droga okrężna, przez relacje lub listy ofiar, przez obserwowanie, jak nieszczęśliwi sąsiedzi znikają pod przysłoną nocy, poprzez plotki lub lakoniczną informację policji, że przestępca X.Y. albo kobieta Z. zostali skierowani do obozu koncentracyjnego, ponieważ jego czyny czy jej zachowanie okazało się szkodliwe dla interesu narodowego. Reszta jest milczeniem, zaś milczenie jest grozą".

Spróbujmy tę grozę rozszyfrować. Kim są bowiem ci ludzie, którzy ją rozsiewają? Są – wiemy już – wyspecjalizowanym aparatem do szerzenia i utrzymywania strachu, są fachowcami od łamania ludzi i ekspertami od deptania prawa. Stanowią trwały i nieusuwalny element totalitarnego sprawowania władzy („posługacze", „gumowe ramię Partii" – tak określił ich Zbigniew Herbert). Nie są jednak wszechwiedzący. Wiedzą tyle, ile im się powie; ich siła tkwi w naszym strachu i w naszej duchowej mizerii. To prawda – są filarem totalitarnej władzy. W istocie rzeczy jednak – strawersujmy Monteskiusza – podtrzymują oni państwo tak, jak sznurek podtrzymuje wisielca. Ich szefowie są wszakże innego zdania. Himmler pisał:

„Wiem, że są ludzie w Niemczech, którzy dostają mdłości na widok czarnego uniformu. My to rozumiemy i wcale nie wyobrażamy sobie, że kocha nas zbyt wielka ilość ludzi. Ale kto nosi w sercu sprawę Niemiec, powinien i musi nas poważać, ponieważ my wzniecamy strach u tych, którzy mają nieczyste sumienia względem Führera i narodu, gdziekolwiek dzieje się to i kiedykolwiek...

Zaś Reinhard Heydrich precyzował:

„Gestapo i policję bezpieczeństwa otacza atmosfera tajemniczości i grozy. Z mieszaniną strachu i odrazy opowiadają nasi ukryci wrogowie zagranicą o naszej brutalności, o zachowaniu bezlitosnym, nieludzkim i przepojonym sadyzmem. W kraju znoszą oni nasze obowiązki z poddaniem, ale wolą być od nas tak daleko, jak jest to możliwe, i mieć z nami jak najmniej do czynienia”.

Aparat bezpieczeństwa – głosy jego szefów dobitnie o tym świadczą – jest tą najbardziej zrakowaciałą tkanką ustroju totalitarnego, która zatruwa i wyniszcza cały społeczny organizm. Ten aparat jest przekleństwem ludzi i zbiorowości. Jest – nigdy dosyć powtarzania tej formuły – państwem w państwie. Często – suwerennym państwem w niesuwerennym państwie. Tak jest w Polsce. Ostatnie wyczyny funkcjonariuszy dowodzą, że proces toruński niczego w tej materii nie odmienił.

Funkcjonariusze są ludźmi dziwnymi i nieszczęśliwymi. Ich poczuciu bezkarności towarzyszy zasadne przeświadczenie, iż są przedmiotem powszechnej pogardy. Są ponoć wszechwładni, a muszą ukrywać swą służbową przynależność. Ta schizofrenia czyni ich okrutnymi. „Czy wie pan, za co Piotrowski dostał 25 lat?” – zapytał mnie podczas przesłuchania funkcjonariusz wysokiego szczebla. I odpowiedział sam: „Rok za zabójstwo Popiełuszki, 24 lata za to, że pozwolił Chrostowskiemu uciec”. Po czym roześmiał się od ucha do ucha.

Aliści czyż mogą być innymi ludzie, których profesją jest rozpracowywanie i kompromitowanie innych ludzi, a chlebem codziennym organizowanie prowokacji? Wszak kiedy funkcjonariusz mówi o porozumieniu, to już wiesz, że planuje kolejną akcję, by zeszmacić i upodlić. Dlatego na ich propozycje rozmów, dialogów i kompromisów trzeba odpowiedzieć tak, jak to uczynił jeden z przywódców „Solidarności”. Gdy go w obozie dla internowanych zapytano, w jakiej sytuacji przywódcy Związku podejmą rozmowy z kierownictwem resortu, odrzekł: „wtedy, gdy kierownictwo MSW ogłosi się rządem. Możemy rozmawiać z rządem, ale nie będziemy negocjować z policją".

Przytaczam tę wypowiedź robotniczego działacza ze względu na jej lapidarność i celność. Nie mówcie mi, że to banał. Realizacja tych banałów wymaga przecież niebanalnej odwagi i stanowczości...

Cóż bowiem skłania ludzi do podejmowania – wbrew zdrowemu rozsądkowi – konwersacji z funkcjonariuszami? Fałszywa ocena sytuacji lub strach. Kiedy słyszę uzasadniającą takie rozmowy opinię, że policja jest czynnikiem politycznym w systemie totalitarnym, oceniam to jako fałszywą diagnozę. Bowiem dopóki policja jest czynnikiem decydującym o polityce nomenklatury wobec społeczeństwa, dopóty żadne porozumienie władzy ze społeczeństwem nie jest możliwe. Policja bowiem nie jest o d p o r o z u m i e n i a, l e c z o d r o z p r a c o w y w a n i a. Porozumienia sierpniowe nieprzypadkowo podpisywali Jagielski i Barcikowski, a nie Pietruszka i Piotrowski.

Jeśli wszakże któryś z tych dżentelmenów chce prowadzić dialog z więźniem, to zgoda uwięzionego jest z reguły podyktowana lękiem, choćby głęboko ukrytym i zracjonalizowanym przez subtelne polityczne spekulacje. Bowiem funkcjonariusz ma w swym ręku nakaz zwolnienia i może nim do woli wymachiwać przed nosem więźnia, zaś więzień chce przecież opuścić więzienne mury – ludzka i normalna to reakcja na pozbawienie wolności...

I oto uwięziony wmawia sobie, że ma do spełnienia jakąś negocjacyjną misję, mistyfikuje swój status, zaciera mu się granica dzieląca partnera negocjacji od szantażysty, a dialog od przesłuchania. By tego uniknąć, trzeba spojrzeć w twarz swemu losowi i uznać, że gorsza od więzienia jest hańba. Dlatego, gdy funkcjonariusze kuszą nas do rozmów, stale trzeba mieć przed oczami obraz kapitana MSW Grzegorza Piotrowskiego. Niechaj wciąż dźwięczą nam w uszach słowa jego opowieści o planie unicestwienia ks. Jerzego Popiełuszki. O tym, jak rozważał, czy wyrzucić ks. Jerzego z pociągu, czy też uszkodzić jego samochód; czy rzutem kamienia sprowokować wypadek samochodowy, czy też porwanego księdza związać i ukryć w leśnym bunkrze; czy zmusić księdza do uległości i groźbą wymusić słowa kłamstwa dla zarejestrowania na taśmie magnetofonowej, czy też po prostu zamordować. O tym, jak ten naczelnik wydziału w MSW rozmyślał: czy udawać zdecydowanego na szantaż zazdrosnego męża, czy też okradzioną przez ks. Popiełuszkę „Solidarność", której przypisać pragnął uprowadzenie i mord.

A wszystko to po to, by „prawo było prawem", gdyż ten idealny

129

komunista nie mógł patrzeć, jak ks. Jerzy narusza przepisy kodeksu karnego. Sumienie peerelowskiego patrioty nie pozwalało mu na bierność. W jego słowach dźwięczał patos nieprzekupności.

Podczas procesu toruńskiego adwokat Jan Olszewski, pełnomocnik matki zamordowanego księdza, mówił:

„Piotrowski na rozprawie prezentuje siebie jako samotnego szeryfa, fanatyka obrony prawa i praworządności, który wobec niepoprawności groźnego antypaństwowego przestępcy organizuje własny miniszwadron śmierci dla radykalnego przywrócenia naruszonego porządku. Bywają takie aberracje policyjnej mentalności. Ja jednak w to wcielenie Piotrowskiego nie wierzę. Powodem jest to, co on sam mówi o sobie i swoim stosunku do prawa:

Z protokołu 5 listopada 1984 roku:
  «Przysłany z RFN-u samochód Audi-80 został przysłany na nazwisko mego teścia w Łodzi. Na swoje nazwisko przyjąć wozu nie chciałem, bo starałem się o talon w miejscu pracy».

Z protokołu z 8 listopada (na temat innego samochodu Fiat 132):
  «Cło za ten samochód nie jest zapłacone, bo w urzędzie celnym jest wniosek dziadka żony o ulgę, i formalności jeszcze trwają w związku z kompletowaniem zaświadczeń o inwalidztwie, kombatanctwie itp. ...Aby zarejestrować ten samochód i używać – zarejestrowałem go nieformalnie jako służbowy Stołecznego Urzędu Spraw Wewnętrznych. W tym urzędzie nie ma żadnego dokumentu, który to stwierdza».

Jest to więc taki fanatyzm prawa, który dla obrony wyznawanych wartości pozwala przelać cudzą krew, ale nie pozwala na oddanie własnej złotówki".

Oto i cały Piotrowski – funkcjonariusz idealny. Z jednej strony bohaterski czekista z epoki Dzierżyńskiego – gorące serce, chłodna głowa, czyste ręce. Z drugiej zaś – kanciarz pieniężny niewielkiego formatu...

Toż to cały światopogląd! Nienawiść zespolona z całkowitym zanikiem wrażliwości moralnej złożyła się – w osobie komunisty-czekisty, tow. Grzegorza Piotrowskiego – na obraz nowego człowieka epoki Przodującego Ustroju. Jakiż on jest?

Jest sprawny. Świetnie sporządza węzły krępujące ofiary. Fachowo knebluje usta i umiejętnie zakłada pętle na szyję.

Jest wolny od zbędnych wahań. Człowieka słabego i bezbronnego potrafi okrutnie i po wielekroć bić drewnianą pałką. Potrafi też tego człowieka, związanego i nieprzytomnego, wrzucić z mostu do rzeki.

Jest zapobiegliwy. Pałki używane do bicia przewiązuje szmatami, by nie było widocznych śladów.
Jest przewidujący. Narzędzia mordu utopi w jeziorze.
Jest wrażliwy. Płacze na wieść, że wobec ks. Jerzego nie zastosowano aresztu.
Jest typowy. Wie, że każdy towarzysz z resortu chętnie weźmie udział w bojowym zadaniu unicestwienia klasowego wroga.
Jest ideałem funkcjonariusza: wierny, czynny i sprawny – jak „knut w ręku kata" (Mickiewicz).
Takimi mamy być wszyscy, by generałowie byli z nas zadowoleni.
Takimi staną się nasze dzieci, gdy zaniechają oporu.
Rozmyślając nad osobowością Piotrowskiego, wciąż miałem w pamięci obrazek z innej epoki. Niemiecki antyfaszysta o orientacji konserwatywnej, Fryderyk Reck-Malleczewen, zanotował w swoim dzienniku list otrzymany w okresie najazdu hitlerowskiego na Polskę (wrzesień 1939). Autora listu określa Reck-Malleczewen (cytuję za F. Ryszką) jako „spokojnego, dobrego chłopca z błyszczącymi błękitnymi oczami i ujmującym chłopięcym uśmiechem..., chłopca z dobrej nadreńskiej rodziny mieszczańskiej, z niejaką tradycją i z niejakimi ambicjami kulturalnymi". Coś jak ów pamiętny chłopiec z filmu „Kabaret" – żaden „chuligan ani pospolity złoczyńca". Otóż chłopiec ten, kapitan lotnictwa, pisał do Recka-Malleczewena z Polski:

„A więc teraz, dear Ser, wynieśliśmy z wojny z Polakami niesłychanie ważne doświadczenia, jak należy obchodzić się z ludźmi i narodami, którzy chcą być naraz partaut naszymi wrogami. Polacy bili się niewątpliwie z godną podziwu odwagą. Pomimo tego wystrzeliwaliśmy ich bezlitośnie i na zimno. Sądzę nawet, że nie mieliśmy do Polaków nienawiści, przynajmniej dzisiaj – do tego kompletnie złamanego, amorficznego narodu prymitywów. Kiedy zdarzało się, że strzelano z tyłu do niemieckich parobków, wtedy z całym niemieckim chłodem kontynuowaliśmy nasze dzieło, aby za to stawiać pod ścianą dziesięciokrotnie więcej polskich intelektualistów. Pewne jest, że najważniejsze głowy już pospadały i że gdy zajdzie potrzeba, zawsze będzie więcej niemieckich parobków niż polskiej inteligencji. (...) Jestem pewny, że powoli przyswajamy sobie w praktyce naszą zasadę: «Jeśli nie zechcesz być moim bratem, to rozwalę ci czaszkę». Jestem święcie przekonany, że trzeba walczyć sposobem możliwie najbardziej bezlitosnym przeciwko przynależnym do tego narodu, który zamierza naruszyć nasz nowo powstały porządek na Wschodzie albo nawet zagraża narodowemu socjalizmowi".

Czyż te słowa kapitana hitlerowskiego lotnictwa nie ilustrują precyzyjnie świata duchowego kapitana Piotrowskiego? Spędziłem w życiu wiele dni na przesłuchaniach i wiele nocy na komisariatach. Znam dobrze funkcjonariuszy i nie mam powodu, by ich darzyć sympatią. Widziałem ich już uprzejmych i rozwrzeszczanych, ponurych i rozweselonych, przymilnych i nienawistnych. Widziałem ich tłukących pałką i częstujących kawą, „bijących czołem i bijących w twarz" (Barańczak). Widziałem ich już w roli tchórzów drżących o własną skórę i w roli szantażystów z uśmiechem na twarzy i spluwą w kieszeni; w roli pochlebców i w roli prowokatorów. Także w roli oddelegowanych do aparatu wymiaru sprawiedliwości: prokurator Bardonowa z Warszawy, pułkownik Monarcha z sądu wojskowego, sędzia Zieniuk z Gdańska. Mam w oczach ich wyrzeźbione podłością twarze – ludzie szmaty, oprawcy do wynajęcia.

A przecież nie odczuwam do nich nienawiści. Już raczej litość. Tyle o nich wiem...

Wiem tedy, że każdy kontakt z funkcjonariuszem trzeba traktować jak przesłuchanie. Wiem przeto, że żaden działacz „Solidarności", żaden przyzwoity Polak nie powinien prowadzić z nimi innych rozmów niż w charakterze przesłuchiwanego. Zaś jako przesłuchiwany winien odmówić zeznań. Bo tędy nie wiedzie żadna droga ku porozumieniu narodowemu. Bo porozumienie takie może być tylko wynikiem politycznego kompromisu, nigdy zaś – policyjnej operacji.

Wszystko to jest mi dobrze wiadome. Ale właśnie dlatego, także i dlatego, że piszę te słowa uwięziony w wyniku prowokacji zorganizowanej przez funkcjonariuszy – czuję się w obowiązku jednoznacznie zadeklarować, iż nawet wobec tych ludzi, funkcjonariuszy aparatu bezpieczeństwa, należy wyrzec się nienawiści.

Nie idzie mi tu o prosty gest moralnej wyrozumiałości dla funkcjonariuszy zatrudnionych w aparacie przemocy i kłamstwa. Mam na myśli świadomy ideowy akt związany z wyborem politycznej strategii. Nienawiść bowiem nas samych wyniszcza i deprawuje. Nienawiść – choćby uzasadniona najoczywistszą krzywdą – zatruwa teraźniejszość i przekreśla przyszłość. Winniśmy tedy – choć sam wiem, jak to niełatwo – widzieć w funkcjonariuszach przeciwników politycznych bądź też ludzi nieszczęśliwych, wepchniętych w sytuację urzędowego upodlenia, ludzi godnych współczucia i litości, a nie obiektu zemsty. Jeśli nie chcemy stać się podobni mordercom ks. Jerzego, musimy na zawsze odrzec się od właściwej tym ludziom nienawiści.

„Dlaczego wszystkie systemy totalitarne potrzebują nienawiści jako nieodzownego środka?" – zastanawiał się Leszek Kołakowski. I odpowiedział:

„Potrzebują jej nie tylko, by zapewnić sobie pożądaną gotowość do mobilizacji i nie tylko, a nawet nie głównie po to, by skanalizować, przeciwko innym obrócić i tak we własną broń przekuć ludzkie zrozpaczenie, beznadziejność i nagromadzone masy agresywności. Nie, zapotrzebowanie na nienawiść wyjaśnia się tym, że niszczy ona wewnętrznie tych, co nienawidzą, że czyni ich bezbronnymi wobec państwa, że równa się duchowemu samobójstwu, samozniszczeniu, a przez to wydziera korzeń solidarności również między tymi, co nienawidzą. (...) Ponieważ czysta negatywność nienawiści unieruchamia wszelkie porozumienia ludzkie, rozkłada ona wewnętrzną spoistość osobową i dlatego jest niezastąpiona jako sposób duchowego rozbijania ludzi. (...) Wszystko przeżerająca energia nienawiści udaremnia wszelkie porozumienia i przez to rozkłada mnie duchowo wcześniej, nim jestem zdolny rozbić «mojego» wroga. (...) Ruchy i systemy totalitarne wszelkich odcieni potrzebują nienawiści nie tylko przeciw zewnętrznym wrogom i zagrożeniom, ile przeciwko własnemu społeczeństwu; nie tyle, by utrzymać gotowość do walki, ile by tych, których wychowują i wzywają do nienawiści, wewnętrznie spustoszyć, obezwładnić duchowo, a tym samym uniezdolnić do oporu. (...) Oto tajna broń totalitaryzmu: zatruć nienawiścią całą tkankę duchową człowieka i przez to pozbawić go godności".

„Wychowanie do demokracji – pisał Leszek Kołakowski – to wychowanie do godności, to zaś zakłada nieoddzielnie jedno i drugie: gotowość do walki i wolność od nienawiści. Swoboda od nienawiści, osiągana przez ucieczkę od konfliktów, to cnota pozorna, niczym czystość kastrata. (...) Duch koncyliatorski i gotowość do kompromisu bez tchórzostwa i bez konformizmu, zdolność do usuwania nadmiaru wrogości bez czynienia ustępstw w tym, co się uważa za jądro sprawy, jest to sztuka, która z pewnością nikomu bez trudu nie przychodzi jako dar naturalny. Od naszej umiejętności przyswajania sobie tej sztuki zależy wszelako los demokratycznego ładu w świecie".

Chrześcijaństwo – przypominał Kołakowski – domaga się więcej: domaga się miłowania nieprzyjaciół. Czy i ten postulat uznać można za powszechnie obowiązujący? „Na to tylko – pisał – najbanalniejsza odpowiedź się nasuwa: można być pewnym, że jest i zawsze będzie bardzo niewielu takich, którzy prawdziwie do tego wymagania dorośli; ale na barkach tych nielicznych wspiera się gmach naszej cywilizacji i to niewiele, do czego my jesteśmy zdolni, im zawdzięczamy".

Ten niezwykły – piękny i jasny – wywód Leszka Kołakowskiego wielu ludzi z „Solidarności" uznaje za swe wyznanie wiary. Dlatego odrzucają oni pseudomakiaweliczną formułę o „celu uświęcającym środki".

Cel nie uświęca środków. To podłe środki zawsze oszpecają cele, nawet te najpiękniejsze. Nienawiść rodzi nienawiść. Przemoc rodzi przemoc. Tak uważamy. Dlatego odrzucamy uczucie nienawiści i metody przemocy. Czynimy to świadomie. Symbolem „Solidarności" jest strajk i pokojowa manifestacja, związkowa gazeta i niecenzurowana książka, a nie szkolenie terrorystów, fachowców do porywania i mordowania ludzi. Na nienawiść odpowiadamy refleksją. Zło chcemy zwyciężać dobrem. Nie są to puste frazesy. To wynik głębokiego przekonania, że każdy człowiek może odmienić się na lepsze, że nie ma ludzi raz na zawsze przeklętych i przekreślonych. Tę wiedzę wynosimy z naszej kultury i naszej historii; tę naukę odczytujemy z naszych ksiąg i wysłuchujemy z kościelnych ambon. Tę prawdę czynimy źródłem naszej siły i regulatorem naszych poczynań.

Pętle i pałki, prowokacje i mordy, nienawiść i kłamstwo – pozostawiamy naszym oprawcom.

XIII

W YPOWIADAJĄC się na temat zgłoszonego projektu ordynacji wyborczej, prof. Stanisław Stomma zauważył:

„Sądzę, że przepisy ordynacji wyborczej, które przedstawione zostały w dyskusji, należy ocenić w kontekście naszej rzeczywistości społeczno-politycznej, a nie same w sobie. Musimy je rozważać uwzględniając warunki, w jakich żyjemy, dlatego moje uwagi czy propozycje nie zmierzają do tego, czego byśmy chcieli, ale do tego, co jest możliwe i słuszne. Chciałbym doprecyzować wyraz słuszne. Słuszne to znaczy najlepsze z możliwych".

Słowa znakomitego publicysty, także znanego uczonego i polityka, wprowadzają nas w centrum ważnego sporu. Sporu o potrzebę porozumień małych i cząstkowych, zawieranych w sytuacji, gdy „wielkie porozumienie" – między rządem a „Solidarnością" – nie jest możliwe. Otóż teza, że „małe" porozumienia są potrzebne, kryć może w sobie zarówno realistyczny program działania na rzecz ewolucyjnych przeobrażeń, jak i postulat wpisania się w totalitarny system insytucji politycznych oraz rezygnację z oporu.

Rozważmy – współistnienie Polaków z systemem totalitarnym jest realnym faktem. Tego nikt nie jest w stanie ani zadekretować, ani przekreślić. Kompromis z totalitarnymi realiami jest udziałem każdego kto chce jako tako normalnie żyć. Jest – w większym jeszcze stopniu – udziałem legalnych instytucji: Kościoła i towarzystw naukowych, klubów inteligencji katolickiej i związków twórczych, redakcji, samorządów pracowniczych, senatów uniwersyteckich. Instytucja, która chce funkcjonować, musi zawierać swe „małe" porozumienia. To przyjmujemy za oczywistość. Pytamy jednak o płaconą cenę i rozważamy, czy skórka jest warta wyprawki.

Jeśli na przykład demokratycznie wybrany senat wyższej uczelni ma nakaz relegowania wskazanych przez aparat bezpieczeństwa niepokornych studentów, to twierdzimy, że takiej ceny płacić się nie godzi. Dla zachowania norm moralnych środowiska akademickiego, lepiej doprowadzić do sytuacji, w której poczynania takie będzie przeprowadzać rektor komisaryczny. Jednak strefa manewru jest dość szeroka, zaś małe kompromisy są trwałym elementem funkcjonowania samorządnego uniwersytetu. Podobnie jest wszędzie tam, gdzie można mówić o istnieniu autentycznej samorządności. Rzecz w tym wszakże, iż żaden z tych codziennych kompromisów nie zastępuje – i zastąpić nie może – realnego porozumienia między władzą a społeczeństwem.

A przecież na tym polega idea naszych generałów. W ich ujęciu te drobne ustępstwa na rzecz społecznych aspiracji mają służyć uwiarygodnieniu totalitarnych pseudoinstytucji życia publicznego (PRON, neozwiązki), których afirmacja będzie z wolna stawać się warunkiem jakichkolwiek ustępstw. Bowiem generałowie nie mają wątpliwości co do realiów: „to, że organizmy te są bojkotowane, to oczywiste" – słusznie napisał (w kwietniu 1985 r.) partyjny publicysta.

Chwila jest jednak szczególna. Idzie o złamanie blokady międzynarodowej i narzucenie normalizacji na własnych warunkach, idzie też o złamanie społecznego oporu. W takiej chwili generałom zależy na zachowaniu pozorów. Nie jest przeto wykluczone, że zastanowią się nad niedawnymi (z kwietnia 1985 r.) uwagami prof. Reykowskiego, który stwierdził, że znaczna część inteligencji nie akceptuje obecnych rozwiązań instytucjonalnych (PRON etc.) i postulował szukanie nowych, trafiających „do politycznej wyobraźni". Zarazem prof. Reykowski odrzucił – jako nierealistyczne – postulaty pluralizmu politycznego. Twierdzi on, że obecny „niepluralizm" nie jest kaprysem rządzących, lecz wynikiem stosowania rozwiązań, które „są wyrazem przystosowania do wymagań, jakie wynikają z potrzeb reprezentowanych przez nie warstw i klas i do okoliczności historycznych".

Ostatnie z tych sformułowań jest bez wątpienia prawdziwe. Nigdy w historii likwidacja pluralizmu politycznego nie była kaprysem rzą-

135

dzącej elity. Zawsze był to wyraz „przystosowania" do wymagań „klasowych" i do „okoliczności historycznych". Tak było w faszystowskich Włoszech i w hitlerowskich Niemczech, w bolszewickiej Rosji i frankistowskiej Hiszpanii, w pinechetowskim Chile i na castrowskiej Kubie. Rozwijać ten temat byłoby powtarzaniem oczywistości.

Wszelako warto zastanowić się – szkoda, że prof. Reykowski z tego zrezygnował – nad okolicznościami, w których znów niezależnie od kaprysu rządzących, a zależnie od wymagań warstw społecznych i okoliczności historycznych, pluralizm powraca na scenę życia publicznego jako tego życia niezbywalna reguła. Otóż ryzykuję opinię – równie mało odkrywczą, jak stwierdzenie prof. Reykowskiego – że pluralizm zastępuje totalitarne dyktatury wtedy, gdy w obozie władzy dochodzi do rozłamu i zwalczające się grupy szukają oparcia w społeczeństwie. Inaczej może on być wywalczony jedynie naciskiem sił zewnętrznych w stosunku do totalitarnych struktur. Dodam jeszcze, że „Solidarność" – wychodząc z tych założeń – buduje w totalitarnym państwie pluralistyczne społeczeństwo i pragnie tą drogą wywalczyć porozumienie, którego istotą byłoby uznanie instytucjonalne tego pluralizmu.

Strategia taka nie wyklucza wszakże porozumień cząstkowych. Przeciwnie, zakłada działania w różnych sferach i nie odrzuca totalnie żadnej z form dialogu z władzą. Kiedy jednak zastanawiamy się nad propozycją taktyki „małych kroków", musimy zawsze pytać: ku czemu te „małe kroki" mają zmierzać?

Nie zadowoli nas odpowiedź, że ku „normalizacji" czy ku „wyjściu z kryzysu" bądź też „ku ratowaniu Polski". Są to ogólniki, z których niewiele wynika. Twierdzimy bowiem: totalitarna koncepcja normalizacji ma za swój cel wymuszenie rezygnacji narodu z dążenia do podmiotowości. Uważamy tę koncepcję za przeciwną polskim aspiracjom i będziemy demaskować jej antynarodowe ostrze. Jesteśmy zdania, że totalitarny system sprawowania władzy dawno już wyczerpał w Polsce swe możliwości rozwojowe. Generałowie, restaurując ten system, nie przezwyciężą kryzysu, lecz uczynią go permanentnym.

Korzenie kryzysu tkwią w relacjach między aparatem władzy a społeczeństwem. Nie chodzi tedy o „rozwiązania, które trafią do wyobraźni", lecz o rozwiązania gwarantujące autentyczną podmiotowość. Nie jest to rozróżnienie o charakterze formalnym. Mówiąc o „rozwiązaniach, które trafią do wyobraźni" informuje się rządzących i rządzonych, iż kierunek dokonujących się przeobrażeń jest prawidłowy, zaś ulepszenia wymagają tylko pewne socjotechniki realizowania celów aparatu władzy. Otóż nie. Właśnie kierunek polityki generałów – wyznaczony przez konsekwentną destrukcję podmiotowości i postępujący odwrót od demokratycznych reform – przesądza o istnieniu nieusuwalnych napięć społecznych.

Zgadzam się z prof. Reykowskim, że „okoliczności historyczne" (jeśli tym eufemizmem określa się stan uzależnienia od sowieckich towarzyszy) przekreślają nadzieję na natychmiastowe przekształcenie Polski w kraj parlamentarnej demokracji. Powtarzam jednak – walka toczy się teraz o kierunek zmian, a nie o ich tempo.

Totalitarny aparat nie chce zmian w kierunku poszerzenia – choćby stopniowego – zakresu swobód obywatelskich, podmiotowości i pluralizmu. Nasi generałowie wciąż zdają się wierzyć, że przyszłość świata ludzkiego należy do totalitarnego komunizmu. Dlatego perswazjami demokracji osiągnąć niepodobna – trzeba ją wywalczyć.

Nie jest to postulat księżycowy. Wierząc w swoje totalitarne miraże, komuniści – kiedy muszą – bywają jednak realistami. Dowody tego nieraz dawali sowieccy przywódcy w pertraktacjach z Amerykanami, gdy porzucali internacjonalistyczne frazesy na rzecz pragmatycznego kompromisu. Dowody realizmu dała też – przypomnijmy – ekipa Jaruzelskiego rezygnując – choć nigdy ostatecznie i doktrynalnie – z prób terroru typu stalinowskiego. Dlatego też – nie wyrzekając się działań na rzecz budowy podmiotowego i pluralistycznego społeczeństwa – nie odrzucamy żadnych rozwiązań i dróg pośrednich. Byle tylko były to autentyczne drogi wiodące do autentycznych porozumień.

W obecnej sytuacji nie sposób wskazać wszystkim działaczom związkowym jednej drogi i jednej postawy. Fakt, że umieli oni podjąć działanie tak różnorodne, świadczy o dużej dojrzałości Związku. Droga cząstkowych porozumień może być jedną z form działania związkowego, pod tym wszakże warunkiem, że będą to działania „Solidarności" wpisane w plan szerszej strategii, a nie poczynania osób i grup skierowane faktycznie przeciw podziemnym strukturom Związku.

Posłużmy się przykładem wyborów do Sejmu. Ordynacja wyborcza nie różni się w niczym od poprzedniej, tylekroć wyszydzanej i krytykowanej. Jej istotą jest redukcja obywatela do bezmyślnego przedmiotu wrzucającego kartkę do skrzynki. Nie są to więc żadne w y b o r y, lecz – jak słusznie poprawiał mnie zawsze Bogdan Borusewicz – g ł o s o w a n i e . Udział w takiej komedii uwłacza godności rozumnego człowieka i oczywiście nie zostanie zaaprobowany przez „Solidarność". Generałowie mogą naturalnie sfałszować wyniki głosowania – jak to jest w ich zwyczaju – ale postępując w ten sposób nie uzyskają przecież społecznego mandatu. Czy jest jakieś wyjście z tej sytuacji?

Powtórzmy – zgodzić się wypada z prof. Reykowskim, że postulat wolnych, demokratycznych, pięcioprzymiotnikowych wyborów do Sejmu nie jest dziś w Polsce realny. Jeśli „Solidarność" wciąż formułuje ten postulat, to nie z naiwności to wynika, lecz z przeświadczenia, że prawdy banalne – by banalnymi pozostały – muszą być wciąż na nowo artykułowane i powtarzane. Jesteśmy jednak w pełni świadomi, że w ramach totalitarnych reguł gry nie są możliwe takie wybory do Sejmu, które z pewnością dowiodłyby, iż rządzący komuniści nie dysponują poparciem społeczeństwa. Żadna totalitarna dyktatura nie oddała władzy dlatego, że przegrała wybory – o tym też pamiętamy. Nie formułujemy tedy postulatu, by komunistów odsunąć od władzy, bowiem byłoby to hasło do totalnej konfrontacji, a nie płaszczyzna kompromisu. Nawiasem mówiąc, nie da się wykluczyć – realistycznie rzecz biorąc – że w zmienionej sytuacji i takie żądanie zostanie przez naród sformułowane. Komuniści nie mają żadnego boskiego mandatu na to, by rządzić Polakami do końca świata.

Dzisiaj wszelako postulat taki mógłby oznaczać konfrontację z militarną potęgą Wielkiego Brata. Czy tedy w cieniu tej potęgi jest miejsce na antytotalitarne, choć cząstkowe, kompromisy? Odpowiadamy na to pytanie twierdząco. Także w kontekście wyborów do Sejmu.

Jak było dotąd? Tradycyjnym sposobem komunistów na uzyskiwanie wiarygodności jest wpisywanie na jedną listę do głosowania również pewnych osób obdarzonych publicznym szacunkiem i zaufaniem. Zapewne i dziś mają oni takie pomysły, co dowodzi jedynie beznadziejnej anachroniczności ich rozumowania. Jednak droga do kompromisu nie musi być na zawsze zamknięta. Wyjściem mogłoby być rozwiązanie umożliwiające społeczeństwu autentyczny wybór do Sejmu choćby 30 procent spośród deputowanych. Jednak tych samych 30 procent wpisanych na jedną listę obok Siwaka i Urbana spowodować może tylko tyle, że osoby te utracą swój dotychczasowy autorytet.

Inaczej mówiąc, realną drogą do kompromisu jest poszerzanie sfer podmiotowości, a nie kupowanie głosów i nazwisk za cenę kilku czy kilkunastu mandatów. Tak brzmi mój komentarz do cytowanych na wstępie uwag prof. Stanisława Stommy. Komuniści lubią przypominać styczeń 1957 roku. Wtedy to naród polski zaakceptował zasadę jednej listy; wtedy świeżo uwolniony z Komańczy kardynał Wyszyński z ambony, a Czesław Miłosz z emigracji wezwali do udziału w głosowaniu i do udzielenia poparcia Władysławowi Gomułce. Jednak wtedy unosiły się nad Polską dymy płonącego Budapesztu, zaś Gomułka był symbolem nadziei na reformy wolnościowe. Można zastanawiać się, czy kardynał i Miłosz postąpili słusznie, ale nie wolno abstrahować od sytuacji, która podyktowała im takie właśnie kroki. Dziś jest inaczej. Gdyby nawet Prymas Polski i Czesław Miłosz – co jest skądinąd nader mało prawdopodobne – wezwali do udziału w głosowaniu, to można wątpić, by Polacy ich usłuchali.

Prezentowany bywa wszakże i inny punkt widzenia. Zwolennikami ,,małych porozumień" są także pewni ludzie, którzy w okresie 1980-1981 r. deklarowali swe poparcie dla ,,Solidarności". Redakcja *Krytyki* określiła ich skrótowo mianem ,,nowych realistów".

,,Nowi realiści" są zdania, że ,,Solidarność" przegrała ostatecznie i na zawsze, a wraz z nią szansa na ,,wielkie porozumienie" i realną podmiotowość. Są tedy gotowi przyjąć płaszczyznę proponowaną przez generałów i wejść do Sejmu na zasadzie odgórnej nominacji. Powiadają: trzeba być wszędzie obecnym i ratować to, co jest możliwe do uratowania. Uważają taki wybór za ,,słuszny, to znaczy najlepszy z możliwych".

Choć nie podzielam tego punktu widzenia, najdalszy jestem od przypisywania ,,nowym realistom" działania z niskich pobudek. Jeśli rozum nakazuje mi określić ich stanowisko jako kolaborancką ofertę pod adresem generałów, to przecież pamięć wciąż odtwarza inne scenariusze. Pamięć przywodzi na myśl wystąpienia posłów w Sejmie – poprzednich i obecnych kadencji – wystąpienia, które odegrały ważną i zdecydowanie pozytywną rolę.

Sprawa jest złożona. Dość wspomnieć interpelację poselską Znaku z marca 1968 roku czy – stosunkowo świeżej daty – wystąpienie posłów w sprawie więźniów politycznych (na zawsze zachowamy w pamięci piękną i szlachetną mowę posła Romualda Bukowskiego), w sprawie cenzury czy przeciw delegalizacji ,,Solidarności", by zdać sobie sprawę, jak trudno tu o jednoznaczny osąd.

Bowiem z szacunku dla postawy niektórych z posłów nie może wynikać aprobata dla ich decyzji z początku 1980 roku, gdy z rąk Gierka i Babiucha przyjmowali poselskie nominacje. Jednak o ich godnym posłowaniu wciąż pamiętać należy, gdyż – być może – ten właśnie model obecności w Sejmie mają na celu ,,nowi realiści".

Życie jest bogatsze od politycznych doktryn i spekulacji. Z perspektywy ,,Solidarności" udział w Sejmie na warunkach generalskich jest nie do przyjęcia. Także historia Koła Poselskiego Znak jest wymownym dowodem, że zawieranie paktów na totalitarnej płaszczyźnie jest wkroczeniem na drogę wiodącą od kompromisów do kompromitacji. ,,Solidarność" odrzuca przeto atrapę porozumienia. Jej istotą jest formuła Jaruzelskiego: ,,nie pytamy nikogo, skąd przychodzi". Drugi człon tej formuły – ,,jeśli chce przyjąć nasze totalitarne reguły gry" – generał pozostawił inteligencji swych słuchaczy.

139

Nie negujemy, że w tej materii generał Jaruzelski dba o pluralizm – każdy może go publicznie wychwalać. Mogą to czynić „prawdziwi komuniści" w rodzaju Siwaka i faszyści spod znaku Poręby, miłośnicy Piłsudskiego i wielbiciele Dmowskiego, konserwatyści katoliccy (jak Aleksander Bocheński) i katoliccy moraliści (jak np. prof. Andrzej Grzegorczyk), wierzący i niewierzący, partyjni i bezpartyjni, harcerze i komsomolcy, panny i rozwódki, kolaboranci wszystkich profesji i wyznań. Generałowie chętnie rozszerzyliby tę listę o prof. Stommę, o Andrzeja Micewskiego, a może i o świeżo nawróconego na „nowy realizm" Marcina Króla. Wierzymy, że jest to zupełnie niemożliwe.

Nie odmawiamy dobrej woli nikomu, kto sądzi inaczej. Tych, którzy zdecydują się przyjąć generalską nominację i zająć miejsce na poselskich ławach, będziemy sprawiedliwie i rzetelnie osądzać na podstawie ich słów i uczynków.

Jeśli wszakże nam, ludziom „Solidarności", zaproponują w tym ogrodzie zoologicznym własną klatkę czy osobny wybieg, to odpowiemy ze spokojnym przekonaniem – bawcie się sami.

XIV

I TO już koniec tych uwag o kompromisie politycznym i polityce kompromisu. Chwilowo okoliczności odwołują mnie do innych zajęć... Jutro zaczyna się proces. Komu ława poselska, komu ława oskarżonych.

Wolę wszakże dzielić ławę oskarżonych z Bogdanem Lisem i Władkiem Frasyniukiem niż ławę poselską z Rakowskim i Siwakiem.

Takie czasy...

Pisałem w więzieniu śledczym.
Gdańsk, ul. Kurkowa 12
marzec-maj 1985 roku.

NAKŁADEM
WYDAWNICTWA ANEKS

1. **WŁODZIMIERZ BRUS: Uspołecznienie a ustrój polityczny**
   (na tle doświadczeń socjalizmu wschodnioeuropejskiego)
   Uppsala 1975, str. 304   wyczerpane

2. **1 9 5 6: w dwadzieścia lat później – z myślą o przyszłości**
   Materiały z międzynarodowej konferencji
   zorganizowanej w Paryżu w 20 rocznicę Polskiego Października
   i Rewolucji Węgierskiej 1956 r.
   Londyn 1977, str. 160   cena £ 2,50, $ 6,00

3. **Wypadki czerwcowe i działalność**
   Komitetu Obrony Robotników
   (1977) str. 24   wyczerpane

4. **Czarna Księga Cenzury PRL**
   dokumenty Głównego Urzędu Kontroli Prasy, Publikacji
   i Widowisk
   tom I (1977) str. 248   cena £ 3,50, $ 8,50
   tom II (1978) str. 470   wyczerpane

5. **STANISŁAW BARAŃCZAK: Sztuczne oddychanie**
   Poemat – wydanie bibliofilskie z grafikami Jana Lebensteina
   (1978) str. 45   wyczerpane

6. **Apel do społeczeństwa i inne dokumenty**
   Komitetu Obrony Robotników
   (1978) str. 12   cena £ 1,00, $ 2,50

7. **LESZEK KOŁAKOWSKI:**
Czy diabeł może być zbawiony i 27 innych kazań
poświęconych kulturze, chrześcijaństwu, socjalizmowi i Polsce.
(1982) str. 335   cena £ 6,50, $ 15,00

8. **ALEKSANDER ŚCIBOR-RYLSKI:**
Człowiek z marmuru – Człowiek z żelaza
(1982) str. 224   cena £ 4,80, $ 10,50

9. **JERZY SURDYKOWSKI: Notatki gdańskie**
(1982) str. 190   cena £ 4,00, $ 10,00

10. **JAN JÓZEF LIPSKI: Komitet Obrony Robotników**
(1983) str. 436   cena £ 8,90, $ 17,90

11. **TADEUSZ MAZOWIECKI: Internowanie**
(1983) str. 67   cena £ 2,50, $ 6,00

12. **WALDEMAR KUCZYŃSKI: Obóz**
(1983) str. 120   cena £ 2,75, $ 6,50

13. **BARBARA TORUŃCZYK: Narodowa Demokracja.**
Antologia myśli politycznej *Przeglądu Wszechpolskiego*
1895-1905
(1983) str. 320   wyczerpane

14. **GEORGIJ WŁADIMOW: Wierny Rusłan**
(1983) str. 112   cena £ 2,75, $ 6,50

15. **IRENA GRUDZIŃSKA-GROSS & JAN T. GROSS (red.):**
W czterdziestym nas matko na Sybir zesłali...
(1983) str. 512   cena £ 9,50, $ 19,00

16. **WŁADYSŁAW BARTOSZEWSKI: Dni walczącej stolicy.**
Kronika Powstania Warszawskiego
(1984) str. 382   cena £ 7,00, $ 14,00

17. **ADAM MICHNIK: Szanse polskiej demokracji.**
Artykuły i eseje
(1984) str. 256   cena: £ 4,80, $ 10,50

18. **JACEK KUROŃ: Polityka i odpowiedzialność.**
Artykuły i eseje
(1984) str. 222   cena: £4,00, $ 10,00

19. **MILAN KUNDERA: Nieznośna lekkość bytu**
(1984) str. 216   cena: £4,00, $ 10,00

20. **DARIUSZ FIKUS: Foksal 81**
(1984) str. 208   cena: £4,00, $ 10,00

21. **WIKTOR WOROSZYLSKI: Lustro, Dziennik internowania, Tutaj.**
Wiersze. Ilustracje Jana Lebensteina
(1984) str. 64   cena: £2,75, $ 6,50

22. **TADEUSZ KONWICKI: Rzeka podziemna, ptaki podziemne**
(1985) str. 216   cena: £4,00, $ 10,00

23. **CORNELIUS CASTORIADIS: W obliczu wojny**
Analiza natury systemu sowieckiego
(1985) str. 94 + VIII   cena: £3,00, $ 7,00

24. **KRZYSZTOF POMIAN: Wymiary polskiego konfliktu (1956-1981)**
(1985) str. 176   cena: £3,50, $ 8,00

25. **TERESA TORAŃSKA: Oni**
(1985) str. 368   cena: £7,00, $ 14,00

W DRUKU

JAKUB KARPIŃSKI: System komunistyczny w Polsce
(1985) str. 228   cena: £ 4,00, $ 10,00
ADAM ZAGAJEWSKI: Jechać do Lwowa
Wiersze. Ilustracje Józefa Czapskiego
(1985) str. 80   cena: £ 3,00 $ 7,50